Bella Berlin

MEIN CHRONISCH KRANKES KIND

Wie ihr die Diagnose verdaut, schwere Zeiten meistert und als Familie stark bleibt

humboldt

INHALT

Bevor du mit dem Lesen beginnst:
Viele Tipps in diesem Buch sind aus den Gesprächen mit betroffenen Eltern und auch Therapeut*innen und Ärzt*innen entstanden. Sie sind ein Fundus, aus dem Eltern schöpfen sollen, wenn sie nicht mehr weiter wissen und Rat suchen. Deswegen darf dieses Buch benutzt werden. Knicke Seiten um und markiere dir wichtige Stellen. Aber das Buch darf auch mal für Wochen in der Ecke verschwinden oder voll Wut gegen die Wand geworfen werden. Dann ist es nicht nur Fundus, sondern auch Ventil. Im besten Fall ist es ein Händereichen in der ersten schweren Zeit mit deinem chronisch kranken Kind. Am Ende des Buches findest du die Leitgedanken, die allen Kapiteln zugrunde liegen (S. 171). Wenn du wenig Zeit hast, wenn du zweifelst, wenn du Halt suchst: Blättere dorthin!

DU

Wie die meisten Eltern hattest wahrscheinlich auch du mit der Geburt deines Kindes die Vorstellung von einer idealen Familie im Kopf. Ist oder wird aber eines deiner Kinder krank, fällt diese erst einmal in sich zusammen. Nicht nur dein Bild von Familie verändert sich, sondern auch das von dir selbst – als Mutter oder Vater.
Es kommen Gefühle und Gedanken hoch, die du nicht möchtest, die nun aber da sind. In diesem Kampf um die Gesundheit, und teilweise auch das Leben, deines Kindes darfst du dich aber nicht verlieren. Denn du bist ein tragender Teil eurer Familie.

Was waren deine ersten Gedanken, als du erfahren hast, dass dein Kind krank ist?

Dafür habe ich nicht unterschrieben, das gehört nicht zur Vereinbarung. Ein krankes Kind war nicht geplant!
▸ *Andreas, Tochter hat Diabetes Mellitus Typ 1*

Das schaffe ich nicht! Nein! Ich will das nicht!
▸ *Peggy, Sohn hat Multiple Sklerose*

Ich war so wütend: Warum sie? Was habe ich während der Schwangerschaft falsch gemacht? Andere rauchen und trinken während der Schwangerschaft, behandeln ihren Körper und ihr Ungeborenes nicht gut. Und sie bekommen gesunde Kinder. Ich habe auf mich geachtet, habe alles getan, was nötig war, und mein Kind ist krank.

▶ *Ulrike, Tochter hat Osteogenesis imperfecta/Glasknochenkrankheit*

In mir war so viel Trauer und Wut. Ganz viel Wut auf die Welt und denjenigen, der da bei der Verteilung der Krankheiten anscheinend einfach gepennt hat.

▶ *Josefine, Kinder haben lymphoblastische Leukämie sowie ADHS und Asthma*

So oder so ähnlich reagieren Eltern, wenn sie realisieren, dass sich etwas Grundlegendes in ihrem Leben ändert. Denn egal mit welcher Diagnose eine Familie konfrontiert wird, sie bringt neben Veränderung und Umbruch auch Angst, Schmerz und Entbehrungen mit sich. Gefühle, die niemand mit Elternschaft und einer unbeschwerten Kindheit verbindet. Zu Beginn werden diese Gedanken und Gefühle überwältigend wirken. Sie sind da, sie haben ihre Berechtigung, sie gehören von nun an auch ein bisschen dazu. Denn in der Familienplanung und den Erwartungen, mit denen Menschen das Familienleben verbinden, kommen Diagnosen, Krankheiten und medizinische Behandlungen in den seltensten Fällen vor. Das ist gut so, denn sonst würde unsere Welt wohl bald ohne Kinder sein.

In der Vorstellung vieler Eltern läuft alles gut und zum Glück ist das auch oft so. Laut Robert Koch-Institut leiden 11,4 Prozent der Mädchen und 16 Prozent der Jungen zwischen 0 und 17 Jahren an chronischen Gesundheitsstörungen. Das bedeutet, dass diese länger als ein Jahr medizinisch behandelt werden müssen. Andere Definitionen gehen von einem mindestens drei- bis sechsmonatigen Behandlungszeitraum aus. Viele Diagnosen bedeuten auch eine lebenslange medizinische Begleitung. Zu den wohl bekanntesten chronischen Erkrankungen gehören Diabetes Mellitus, Krebs, Multiple Sklerose, ADHS, Neurodermitis oder Asthma. Die Liste ließe sich endlos fortführen, zumal es zahlreiche sogenannte „seltene Erkrankungen“ gibt, die bisher wenig erforscht sind.

Nicht alle chronischen Erkrankungen sind tiefgreifend und verändern euer Familienleben komplett. Aber viele haben das Potenzial dazu. Dann sind auf einmal Gefühle da, über die du sonst nur gelesen hast. Sie wirklich zu spüren, eröffnet eine neue Dimension der Elternschaft.

Zwischen Löwenmutter, Bärenpapa und Angsthasen

Wie oft wurde ich als Löwenmama bezeichnet, weil ich für mein Kind kämpfe und mich einsetze. Dabei glaube ich, dass das jede Mutter tun würde. Weil es nicht anders geht.

▶ Peggy, Sohn hat Multiple Sklerose

Als Eltern haben wir nicht den Plan, irgendwann einmal eine Diagnose für unser Kind zu bekommen, die unser aller Leben verändert.

Wir wollen unsere Kinder zu starken Menschen machen, für sie da sein und gemeinsam als Familie wachsen. Das ist oft auch mit einer chronischen Erkrankung möglich, nur eben schwieriger, je nach Diagnosen und Behandlungsmöglichkeiten.

Gerade zu Beginn hadern deswegen viele Eltern mit dem, was gerade in ihrer Familie und mit ihrem Kind passiert. Sie hatten eine andere Vorstellung und müssen nun eine neue Rolle für sich finden. Von außen werden Eltern und leider vor allem Mütter mit Bezeichnungen bedacht, die ihre Kraft loben. *Löwenmama* ist der wohl häufigste Begriff. Er impliziert Stärke und Aufopferung und ist von vielen sicherlich gut gemeint. Leider gibt es keine Entsprechung für Väter. *Bärenpapa* wäre eine Möglichkeit, wenn man bei den Vergleichen aus dem Tierreich bleiben möchte. Doch diese Stärke, die Eltern nun entwickeln und die Außenstehende auch zu Recht wahrnehmen, darf nicht glorifiziert werden. Eltern schaffen es nicht immer, stark und unbeugsam zu sein, wenn sie Angst und Sorge um ihr Kind haben.

Es ist also durchaus richtig und okay, manchmal ein Angsthase zu sein. Auch wenn die Gefühle von Kraft und Stärke dominieren und wohl auch der Antreiber für die kommende Zeit sein werden: Angst und Schwäche sind ebenso in Eltern, die für ihr Kind kämpfen. Diese Gefühle brauchen ihren Raum, nach innen und außen.

Die Diagnose einer chronischen Erkrankung beim eigenen Kind bedeutet für dich also nicht nur eine Bandbreite an Gefühlen. Es kommt auch schnell eine Ahnung davon hoch, welche Belastung nun auf deine Familie zukommt. Denn du hast nicht nur beobachtet, dass mit deinem Kind etwas nicht stimmt. Du bekommst zusätzlich noch die Botschaft, dass dein Kind eine Zeit lang Hilfe, Untersuchungen und Behandlungen benötigen wird. Nicht selten auch für den Rest seines Lebens. Eine Aufgabe, die überwältigend sein kann.

Die Last, die du als Elternteil eines chronischen kranken Kindes trägst, hat zwei Seiten, und beide verdienen Anerkennung. Wann immer du also wieder mit Gefühlen und auch Bezeichnungen haderst: Alles hat seine Berechtigung. Du bist nicht mehr nur Spielkumpan und Ernährerin, Kuschelpapa und Vorlesemama. Von nun an wird deine elterliche Rolle neu definiert, denn die Bedürfnisse chronisch kranker Kinder und auch ihrer Geschwister werden immer ein klein wenig anders sein als die gesunder Kinder.

Nach der Diagnose

Ich werde nie den Tag und die Uhrzeit vergessen, als die Ärztin den Verdacht äußerte, dass mein Kind Krebs haben könnte. Jedes Jahr um diese Zeit kriegt mein Herz einen kleinen Stich, um gleich darauf vor Freude zu hüpfen, dass nun alles okay ist.
▶ Susanne, Sohn hatte ein unilaterales Retinoblastom

Sind wir mal ehrlich: Unabhängig von den finalen Worten stehen eine oder mehrere Diagnosen bedrohlich im Raum, sobald konkrete Tests gemacht werden. Oft werden diese schon aufgrund eines noch unkonkreten Verdachts angeordnet. Nichtsdestotrotz sind Eltern geschockt, wenn die chronische Erkrankung diagnostiziert, benannt und damit ein Weg festgelegt wird, der uneben und manchmal auch vage ist. Vor allem, wenn mit der Diagnose eine tiefe Angst um das Kind verbunden ist oder lebenslange Therapien und Behandlungen. Ärzt*innen wissen, welchen Einfluss Worte und Diagnosen haben. Doch trotz aller vorhergehenden Tests und Verdachtsäußerungen treffen sie dich wahrscheinlich unvorbereitet.

Verwirrung, Angst und jede Art von Emotion sind normal und erlaubt. Egal, ob sie noch im selben Moment herauskommen, oder später: Dein Kind hat soeben die Diagnose einer chronischen Erkrankung erhalten. Und auch wenn die Spannbreite hier enorm ist, sie bringt ungeachtet des konkreten Krankheitsbildes Veränderungen für dein Kind, deine Familie und für dich persönlich. Früher musste man zum Beispiel bei einer Diabetes mellitus Typ 1-Diagnose von einer verkürzten Lebenszeit ausgehen. Das ist heute nicht mehr der Fall. Heute bedeutet sie, dass Eltern zusammen mit ihren Kindern Strategien und Wege finden, mit der chronischen Erkrankung zu leben.

Es ist völlig in Ordnung, jetzt den Kopf in den Sand stecken zu wollen, aber man muss sich nach einer gewissen Zeit eben auch wieder aufraffen und aus dem tiefen Loch kommen – für's Kind.
▶ Ulrike, Tochter hat Osteogenesis imperfecta/Glasknochenkrankheit

Die Gefühle fahren Achterbahn

Eltern reagieren sehr individuell auf die Diagnose ihres Kindes: Von Weinen, über Wut bis hin zu vollkommener Stille ist alles möglich. Selbst Menschen, die sich selbst gut kennen, könnten nicht vorhersagen, wie sie reagieren, denn die Situation ist zumeist neu und bisher nicht dagewesen. Oft hängt die Reaktion auch davon ab, ob das Kind anwesend ist oder nicht.

Bei uns zeichnete sich schon anhand der Tests ab, dass wir nicht mit „etwas Harmlosem" davonkommen. Als mit einfachen Untersuchungen diese Möglichkeiten ausgeschlossen wurden, war uns klar, was nach Vollnarkose, MRT und speziellen Untersuchungen auf uns wartet. Ich habe also schon zu Hause viel geweint und war in dem Moment der ausgesprochenen Diagnose für meine Verhältnisse gefasst. Ich weiß noch, ich habe die Hand meines Mannes gepackt und festgehalten. Von da an habe ich nur noch funktioniert und alle Emotionen beiseitegeschoben.

Peggy, Sohn hat Multiple Sklerose

Die Zeit nach der Diagnose ist auch im Umgang mit dem betroffenen Kind emotional. Gedanken wie „Was wäre wenn?" oder ein „Gestern um diese Zeit war noch alles gut!" kommen vor und sie sind vollkommen normal. Denn in der ersten Zeit kannst du, auch wenn die medizinische Bestätigung da ist, mit der Diagnose hadern. Einfach, weil es eben nicht normal ist, ein chronisch krankes Kind zu haben, und viele Ängste damit einhergehen. Bis du die Diagnose akzeptiert hast, kann es also dauern, und mit ihr kommt ein schwieriger Gedanke, der es aber im Behandlungsverlauf einfacher machen kann: „Ich kann an der Tatsache, dass mein Kind jetzt krank ist, nichts ändern." Bevor du das akzeptieren kannst, hast du sicher zahlreiche Verhandlungen mit Gott oder dem Schicksal geführt. Ist der erste Schock vorüber, werden die Gedanken wieder klarer und der gemeinsame Weg im Kampf oder Umgang mit der Diagnose kann beginnen.

DER BEWÄLTIGUNGSPROZESS KURZ ERKLÄRT

Die Bewältigung einer kritischen Diagnose beim eigenen Kind kann dauern. Psycholog*innen unterscheiden verschiedene Phasen der Bewältigung (nach Strobel, 2005):

Der Schock: Mit Diagnose empfinden Eltern eine Leere in sich oder werden von negativen Gefühlen übermannt. Emotionen wie Wut, Angst oder auch Enttäuschung dominieren, da das Leben, wie es bisher geplant war, so nicht stattfinden kann.

Die Auflehnung: Der Gedanke, dass die Ärzt*innen sich geirrt haben, treibt an. Die Eltern suchen mit dem Kind zusammen andere Meinungen, durchforsten das Internet und befragen andere Betroffene. Nicht selten wird mit Gott oder dem eigenen Schicksal verhandelt.

Die Resignation: Die Eltern akzeptieren das Schicksal. Oft geht diese Akzeptanz mit Hilflosigkeit einher, sodass sie verbittert und traurig sind.

Die Adaption: Die Familie passt sich der Diagnose an und kommt ins Handeln. Die Eltern nehmen alle Möglichkeiten der Behandlungen und Therapien an, ebenso wie die neuen Grenzen in ihrem Leben und dem des Kindes. Sie fassen neuen Mut und das Leben mit chronisch krankem Kind ist nun normal.

Diese Phasen gehen oft ineinander über und können auch mehrere Jahre dauern. Es ist möglich, dass Eltern auch wieder in eine der früheren Phasen zurückfallen, zum Beispiel, wenn die Behandlung nicht den gewünschten Erfolg zeigt oder eine Komplikation auftritt.

Verwandle die anfängliche Machtlosigkeit in ein stärkendes Mantra. Du kannst nichts an der Diagnose ändern, aber du kannst zusammen mit deinem Kind und wichtigen Menschen um euch herum alles daran setzen, dass es besser wird und ihr ein für euch neues, gemeinsames Leben habt. Diese Einstellung kommt nicht am ersten Tag. Aber sie kommt. Mitunter auch, weil eben keine andere Wahl besteht. Das mag hart klingen, kann aber den Umgang mit der Diagnose erleichtern und die Gedanken frei machen für das, was nun kommt.

Wichtig ist, egal wie die erste Reaktion und die folgenden Gefühle ausfallen: Lass sie an niemand anderem aus. Weder dein*e Partner*in, noch dein(e) Kind(er) oder andere nahestehenden Menschen können etwas dafür. Wut ist richtig, solange sie sich gegen niemanden richtet.

Als ich einmal nicht mit meiner Wut auf das Schicksal klar kam und merkte, dass ich auch für meine Kinder und meinen Mann ein schlechter Mensch war, bin ich laufen gegangen. Ach Quatsch, ich war nicht laufen, ich bin gerannt, als könne ich damit mein Kind heilen. So schnell war ich noch nie. Und so fertig. Aber die Wut war weg.

▶ *Melli, Tochter hatte ein Neuroblastom*

Mitunter kann es auch passieren, dass deine Gefühle eine neue Dimension bekommen. Angst ist nicht gleich Angst und auch Wut kann sich auf dir unbekannte Art und Weise zeigen.

Aber wie äußern sich diese Gefühle? Bei jedem*jeder anders! Bei der Diagnose sind manche Eltern gefasst, andere reagieren mit Tränen oder lauten Worten und wieder andere verfallen in eine stumme Schockstarre. Sogar innerhalb einer Partnerschaft oder Familie können sich die Reaktionen komplett unterscheiden. So viel vorab: Ärzt*innen kennen viele davon. Vor ihnen solltest du dich nicht schämen oder für deine Gefühle entschuldigen. Es geht in diesem Moment um dein Kind sowie den Weg, der nun vor euch liegt.

Im ersten Moment, wenn Eltern die Diagnose bekommen, kommen sie in die Schockphase. Die dauert sehr lange und in dieser Phase kann ein Mensch eigentlich nicht wirklich leben. Es dauert seine Zeit. Und allein das Wissen, dass man in diesem Schockzustand ist, kann eine Erleichterung sein. Weil man dann keine Erwartungen an sich hat.

▶ *Martina Stotz, Doktorin der Psychologie*

Dr. Google

Dieser Weg ist gerade zu Beginn noch ungewiss. Je nach Diagnose wird es auch unterschiedliche Möglichkeiten für dein Kind geben, mit seinem neuen Begleiter umzugehen. Die Ärzt*innen zeigen euch oft Möglichkeiten und Behandlungen auf. Aber welche ist die Richtige? Und was, wenn die Ärzt*innen nicht alles wissen? Oder gar etwas verschweigen? Das Gedankenkarussell dreht sich mit Diagnoseverkündung rasend schnell. Für viele Eltern ist einer der ersten Impulse, mit den Ärzt*innen gleichauf sein zu wollen, wenn es um Wissen, Alternativen und Behandlungsmöglichkeiten geht. Deswegen greifen viele zum Handy und nutzen die altbekannten Suchmaschinen.

Das Internet bietet heute eine unüberschaubare Menge an Wissen und Erfahrungsberichten. Und so gibt es online zu der verkündeten Diagnose sicher schon Geschichten und Erlebnisse. Aber was, wenn diese nicht zu hundert Prozent zu der deines Kindes passen? Oder sie im schlimmsten Fall kein Happy End haben? Das Schwierige für dich wird sein, die Flut an möglichen Informationen zu filtern und das rauszusuchen, was hilft. Das kann ermüdend sein, wichtige Kraft kosten oder Ängste schüren, die am Ende eher lähmen und nicht hilfreich sind.

Es gibt zahlreiche Anlaufstellen, je nach Diagnose, die neutrale und fundierte Informationen bieten. Oftmals bekommst du schon in der Klinik oder Arztpraxis Verbände und Vereine genannt, die dich unterstützen können. Weil die Mitarbeiter*innen eben wissen, wie verloren sich Eltern zu Beginn fühlen. Eine unvollständige Liste möglicher Anlaufstellen findest du ab Seite 173.

Hilfreich ist es auch, Freund*innen oder Familienmitglieder in die Recherche einzubinden, sofern die gewünscht oder notwendig ist.

> *Ich hatte eine gute Freundin, die mir sofort anbot, dass sie Informationen für mich sucht, wenn ich sie bräuchte. So war ich vor persönlichen und auch traurigen Schicksalen geschützt und sie hatte eine konkrete Aufgabe, die mir wirklich hilft.*
> *Melli, Tochter hatte ein Neuroblastom*

Es gibt viele Gründe, sich Informationen zu suchen. Sei es für das allgemeine Verständnis und Wissen über das Krankheitsbild, oder aber, um andere Kliniken, Ärzt*innen oder Behandlungsmethoden zu suchen. Viele Eltern fühlen sich auch mit sich selbst überfordert, haben Sorge, dass ihre Kräfte schwinden, und suchen Möglichkeiten, im Spagat zwischen Familien- und Krankheitsleben nicht kaputtzugehen. Neutrale Informationen dazu findet man jedoch selten. Im Kapitel „Zerreißprobe für die Nerven“ (S. 25) gibt es sinnvolle und umsetzbare Tipps für genau das: Wie du als Mutter oder Vater bei Kräften bleibst und dich selbst nicht vergisst. Und auf Seite 39 findest du weitere Tipps zum Umgang mit dem Internet und sozialen Medien.

Ich habe seit der Diagnose nicht gegoogelt und an keinen Gruppen für Eltern von mukoviszidosekranken Kindern teilgenommen. Unser Krankenhaus bietet viel an, aber ich lehnte alles ab. Ich möchte MEIN Kind sehen, nicht die Geschichten und auch nicht das Leid anderer.

▶ *Franzi, Tochter hat Mukoviszidose*

Die Angst als neue Begleiterin

Wir haben gelernt, welche Bandbreite an Gefühlen uns übermannen kann, wenn es um das Wohl und die Gesundheit unserer Kinder geht. Wir wissen, dass sie alle eine Berechtigung haben. Mit der Adaption der Diagnose werden die Gefühle klarer und weichen einer gewissen Rationalität, die für die Behandlung und das weitere Leben mit chronisch krankem Kind wichtig und hilfreich ist. Aber ein Gefühl wird nicht weichen: Die Angst. Sie wird mal lauter, mal leiser sein. Manchmal wirst du vermuten, dass sie weg ist. Doch das ist das Trügerische. Sie ist immer da, weil es eben um dein Kind geht. Deswegen ist es wichtig, das Gefühl der Angst zu verstehen und einen Umgang mit ihm zu finden.

Die Gesichter der Angst

Alle Gefühle werden auf zwei Ebenen wahrgenommen: auf der körperlichen und auf der geistigen. Gerade das Körperliche kann es uns leichter machen, das Gefühl einzuordnen, wobei zu bezweifeln ist, dass in der aktuellen Situation das Gefühl der Angst unerkannt bleibt. Dennoch hat die Angst viele Gesichter und kann sich bei jedem*jeder anders äußern – sowohl in der Eigen- als auch in der Fremdwahrnehmung.

Die generellen Vorgänge der Angst laufen vorwiegend auf kognitiver Ebene ab. Sie äußern sich körperlich, etwa in Form von Anspannung, Enge oder Unruhe. Du spürst deinen Magen, bekommst schwerer Luft oder kannst kaum stillsitzen Die körperlichen Merkmale gehen mit den gedanklichen einher, wie zum Beispiel immer wieder kommenden Sorgen, Befürchtungen und Zweifeln.

Angst ist eine Reaktion, die in unserem Ursetting verankert ist. Im Prinzip können wir sagen, dass unsere Vorfahren ohne kognitive und körperliche Angstreaktionen von Säbelzahntigern gefressen worden wären. Ein Gefühl also, dass uns vor Gefahren schützen kann, denn der Körper ist nicht nur angespannt und voller Sorge, er ist auch in Alarmbereitschaft und bereit zur Flucht oder zum Kampf. Angst wird von oft unkontrollierbaren Ereignissen ausgelöst – und die Diagnose und die Sorge um ein nun chronisch krankes Kind gehören definitiv dazu. Doch leider ist das Gefühl nicht nur hilfreich, sondern auch für das sekundäre Auslösen von Schuldgefühlen, Misstrauen und Empfindlichkeit bekannt.

Bleibt die Angst also das führende Gefühl in der Situation, verstärkt sie Sorgen, Kontrollsucht und Abwehrhaltungen. Vor allem in der Zusammenarbeit mit Ärzt*innen und Pfleger*innen kann das kontraproduktiv sein. Das Erleben der Angst wird oft von den Erwartungen oder Bedrohungen geformt, mit denen du dich nun konfrontiert siehst. Denn auch chronische Erkrankungen haben unterschiedliche Ausmaße und nicht alle sind akut lebensbedrohlich. Dennoch sollten wir an die Stärke der Angst kein Maß anlegen. Denn egal, ob deine Familie mit einer Krebsdiagnose, Diabetes mellitus oder Asthma kämpft: Du hast Angst um dein Kind. Vergleiche dich nicht mit anderen und versuche nicht, deine Angst kleinzureden.

Doch die Angst hat nicht nur eine lähmende Eigenschaft. Sie kann auch eine mobilisierende Emotion sein. Das wird oft unterschätzt, weil sich viele in Sorgen und kreisenden Gedanken verlieren oder gar versuchen, das Gefühl der Angst zu ignorieren, und ihr Potenzial nicht nutzen. Aber unsere Vorfahren wären den Säbelzahntigern nicht entkommen, wenn sie sich wippend ans Lagerfeuer gekauert und immer nur „Oh nein, oh nein, was mach' ich nur?“ gewimmert hätten.

Mit der Diagnose meines Kindes bin ich in eine Art Aktionismus verfallen. Ich habe alle offenen Projekte akribisch bearbeitet und war im Büro in Höchstform. Rückblickend war ich wohl so fokussiert, weil ich nicht wusste, wie und wo wir die nächsten Monate verbringen werden. Ich wollte so viel wie möglich vorher schaffen.

▸ *Peggy, Sohn hat Multiple Sklerose*

Angst kann uns zu Leistungen antreiben, zu denen wir unter normalen Umständen nicht in der Lage sind. Sie kann zum Beispiel unsere Auffassungsgabe verstärken. Wir hören und verstehen Dinge klarer, weil wir unbewusst wissen, dass wir dieses Wissen brauchen, um gute und weitreichende Entscheidungen zu treffen. Das liegt am Adrenalin, das in beängstigenden Situationen ausgeschüttet wird. Unser Herz schlägt schneller und unser Blut bindet zunehmend Sauerstoff und transportiert diesen ins Gehirn. Unser Körper ist also in Alarmbereitschaft und je nach Situation kann das in positive beziehungsweise hilfreiche Reaktionen verwandelt werden.

TIPPS ZUM BEWUSSTEN UMGANG MIT ÄNGSTEN VON DR. MARTINA STOTZ

Ängste werden durch Gedanken ausgelöst. Vor jedem großen Angstgefühl steht ein Gedanke wie „Mein Kind wird nie wieder gesund werden" oder „Was, wenn mein Kind kein normales Leben mehr hat?". Das Angstgefühl wird also durch den Kopf ausgelöst. **Um die Angst dann anzunehmen und nicht weiter zu verstärken, musst du zuerst den Gedanken kennen, der das Gefühl in dir ausgelöst hat.**

Der zweite Schritt: Wo und wie spürst du die Angst körperlich? Hast du zittrige Hände, einen Kloß im Hals oder ein Druckgefühl irgendwo? Entwickle ein Körpergefühl für deine Angst, um spüren zu können, wenn du in einer Angstspirale bist. So kannst du darauf reagieren und dich fragen: Welcher Gedanke von mir hat das Gefühl gerade ausgelöst?

Im Dritten und letzten Schritt nimmst du das Gefühl an und erkennst, dass du dir Sorgen machst. Das ist berechtigt. Du kannst die Angst weder ignorieren noch durch positive Gedanken löschen. Aber du kann der Angst mit einem vertrauensvollen Gedanken wie „Die besten Ärzt*innen kümmern sich um mein Kind" etwas entgegensetzen. Unser Unterbewusstsein ist nicht in der Lage, sich allein stärkende und vertrauensvolle Gedanken zu suchen. Das müssen wir aktiv und bewusst selbst machen.

Schreibe ein Gedankentagebuch und erfasse die Gedanken, die dir durch den Kopf gehen und bei denen du das dadurch ausgelöste Gefühl wahrnimmst. Schreibe dann bewusst Gedanken auf, die du den angstauslösenden entgegensetzen kannst, wie „Ich darf Vertrauen" oder „Die besten Ärzt*innen kümmern sich um mein Kind" und „Wir haben einen konkreten Behandlungsplan".

Manch eine*r wird dank der Angst beeindruckend rational, kann Situationen planen, durchdenken und klar entscheiden. Wieder andere bündeln ihre Ängste in Tatendrang. Das hilft nicht zwangsläufig der Behandlung und Heilung des Kindes, denn unsere Ängste machen uns nicht automatisch zu herausragenden Herzchirurg*-innen. Doch auch auf anderen Ebenen, zu Hause, in der Familie oder im Job, kann die Angst in Aktionismus umgewandelt und genutzt werden. Diese Art des Umgangs scheint auf den ersten Blick unpassend, doch ist sie für Betroffene oft hilfreicher als die erste Lähmung und die Sorgen, die durch Ängste ausgelöst werden.

Umgang mit den eigenen Ängsten

Egal, wie sich die Ängste bei dir äußern, welches Gesicht sie zeigen – du kannst den Umgang mit ihnen lernen.

Das wohl Wichtigste vorweg: Die Angst bleibt. Wie eingangs schon beschrieben, wird sie mal lauter und mal verdächtig still sein. Aber wenn du mit deinem chronisch kranken Kind den Weg einer Behandlung gehst, wird sie da sein (und auch darüber hinaus). Selbst wenn dein Kind mit sich und seiner Krankheit gut umgeht und der Alltag normal erscheint, wird die Angst noch leise in dir wohnen. Zum einen, weil du die Erfahrungen und auch Sorgen um dein Kind nicht löschen kannst. Zum anderen, weil die Angst auch ein positiver Treiber sein kann, wenn doch wieder etwas sein sollte.

> *Ich achte immer einen Tick mehr auf mein chronisch krankes Kind. Ich sehe schon von Weitem, dass etwas an seinem Auge ist, wo andere noch nicht einmal die Konturen seines Gesichts sehen könnten. Es ist, als ob die Angst meine Sinne schärft.*
> *▶ Susanne, Sohn hatte ein unilaterales Retinoblastom*

Im Folgenden lernst du einige Methoden kennen, mit der Angst umzugehen:

Ängste annehmen

Der erste Schritt ist, sie anzunehmen. Vor allem, wenn absehbar ist, dass der Weg nicht so schnell endet und du für dein Kind stark sein musst. Stärke und Ängste schließen sich nicht aus. Sie können in friedlicher Koexistenz leben oder sich sogar gegenseitig befruchten.

Das Annehmen der Angst ist eine Entscheidung. Dennoch ist diese nicht so einfach zu treffen. Um die Angst zu akzeptieren und im Zweifel auch ein Leben lang mit ihr zu leben, bedarf es Wissen und Informationen über realistische Szenarien im Zusammenhang mit deinem Kind und seiner Diagnose. **Sei also in engem Kontakt mit dem behandelnden Ärzteteam, notiere dir alle Fragen, die sich ergeben, und lass sie dir detailliert genug beantworten, damit die Antworten dir helfen und dich beruhigen können.** Denn oft fühlen wir uns umso unsicherer, je weniger wir über eine Situation wissen. Schließen wir diese Wissenslücke, wächst die Sicherheit und die Angst kann kurz Pause machen.

> *Der Druck von außen war groß. Viele Außenstehende sagen gleich: „Sucht euch Hilfe!" Aber das kann man nicht sofort. Wir mussten doch selbst erstmal die Situation verstehen und annehmen.*
> *▶ Ulrike, Tochter hat Osteogenesis imperfecta/Glasknochenkrankheit*

Ängste teilen

Allein Angst zu haben, ist schwierig. Die Gedanken drehen sich im Kreis und du wirst oft selbst nicht die Kraft oder auch den Blick dafür haben, die Gedanken und Ängste zu entkräften. Doch Ängste sind leichter auszuhalten, wenn du sie teilst. Nicht, weil sie dir jemand abnimmt, sondern, weil Impulse, Gedanken und Anteilnahme von außen helfen können. Dabei geht es nicht um das wahllose Mitteilen der eigenen Ängste an viele Menschen, sondern um **einen ausgewählten Kreis von Verwandten oder Freund*innen**, die sowohl um das Schicksal deiner Familie wissen, als auch die Kraft haben, dieses Wissen mitzutragen. Dadurch weißt du, dass du nicht allein bist und Menschen für dich und deine Familie da sind. (Mehr dazu im Kapitel „Dein Umfeld“ ab Seite 104.) Für manche ist es auch hilfreich, sich mit Eltern auszutauschen, die Ähnliches erleben oder durchgemacht haben. Es gibt zahlreiche Vereine oder Elterninitiativen, die Betroffene verbinden und den Kontakt herstellen. Wichtig ist, dass sich alle Beteiligten vorab sicher sind, ob sie die Geschichte und das Schicksal des Gegenübers auch hören und kennen möchten.

Das Gute im Blick haben

Gerade in der neuen und beängstigenden Situation ist es schwierig, den Blick auch auf das Gute zu lenken. Wenn es in der Familie noch andere Kinder gibt, ist es oft leichter, nicht nur auf die Erkrankung und das kranke Kind zu schauen. Denn das Positive im Leben darf nicht untergehen. **Nimm dir einmal am Tag bewusst Zeit und schau: Was ist gut? Wofür bin ich dankbar? Diese Praxis aus der Achtsamkeitslehre weitet den Blick und animiert dazu, bewusst und aktiv positive Dinge in den Alltag einzubauen.** Zusammen ein Buch lesen, kuscheln, puzzeln, Kuchen backen: Die Liste kleiner und bewusster Dinge, die deinen Alltag reicher machen, ist lang. Wenn du sie wahrnimmst, lassen sie dich deine eigenen Ängste für einen Moment vergessen. Es hilft auch, diese Momente bewusst aufzuschreiben und so eine Art Dankbarkeitstagebuch zu führen. Drei Stichpunkte pro Tag reichen aus, um zu verdeutlichen, dass es viele schöne Dinge gibt. Auch rückblickend kann dich diese Sammlung schöner Momente immer wieder bestärken und dir in Phasen starker Angst und Unsicherheit helfen.

Einen Anker finden

In manchen Situationen ist es nicht möglich, dankbar zu sein oder sich mit anderen auszutauschen. Wird zum Beispiel in der Klinik der nächste Behandlungsschritt besprochen, können die Ängste wieder hochkommen, dich direkt einnehmen und körperlich spürbar sein. Diese Momente werden kommen, aber ab einem gewissen Punkt sind sie planbarer. In diesen Situationen können kleine Anker dir helfen, dich wieder auf dich zu konzentrieren und die Angst nicht zu stark werden zu lassen. Sei es eine Kette, ein Armband, ein besonderer Stein oder ein kleiner Schlüsselanhänger. **Du solltest mit dem Gegenstand etwas Positives und Stärkendes verbinden und dich daran wortwörtlich festhalten können.** Warum sollten nur Kinder ein Plüschtier dabei haben dürfen, an dem sie sich festhalten?

SOS-STRATEGIEN BEI AKUTER ANGST

Die Wahrnehmung von Angst findet körperlich statt: flache Atmung, angespannte Schultern o. Ä. **Versuche, das Körpergefühl deiner Angst zu enttarnen und bewusst dagegen anzugehen.** Atme tief und lange durch. Kreise die Schultern und strecke Arme und Beine.

Hole deinen Körper aus dem „Überlebensmodus", indem du dir kaltes Wasser ins Gesicht spritzt oder über die Arme laufen lässt. Trinke bewusst ein Glas kaltes Wasser, um deinem Körper einen äußerlichen Reiz zu geben. Das signalisiert deinem Gehirn: „Es steht gerade kein Säbelzahntiger hinter mir!"

Lenke dein Gehirn ab: Wird die Angst so stark, dass du Panikattacken bekommst oder sie dich komplett lähmt, sage dir die 16 Bundesländer mit Hauptstädten auf, zähle in 7er-Schritten von 100 rückwärts oder überlege, was du in dieser Woche zu Mittag hattest. So aktivierst du den Teil deines Gehirns, in dem die Vernunft sitzt. Den brauchst du, um den nonverbalen Teil des Gehirns, wo die

Angst sitzt, zu beruhigen. Die Gedanken über Bundesländer oder das Mittagessen sind in dem Moment die Brücke zwischen beiden.

Schließe die Augen und benenne ganz klar, was du riechst, spürst und hörst. Spüre in deinen Körper hinein, beginne bei den Füßen und gehe über Beine, Oberkörper, Arme bis hin zum Kopf. **Achte auf jedes Detail in dir.**

Um das Nervensystem zu beruhigen, mache die **4-7-8-Atemübung**. Atme tief in Bauch und Brustkorb ein und zähle dabei bis vier. Halte für sieben Zählzeiten deinen Atem an und atme dann bewusst aus, während du bis acht zählst. Wiederhole diese Übung drei- bis viermal.

Berühre dich: Kreuze deine Arme vor der Brust und lege deine Hände auf die Schulter. Klopfe mit deinen Händen nun vorsichtig aber deutlich spürbar auf deine Schultern und den Bereich um das Schlüsselbein. Durch die Berührungen und das Klopfen kommt dein Körper aus der Angst und sie wirken wie eine Umarmung.

Zerreißprobe für die Nerven

Neben den Gefühlen und Ängsten, die nun an der Tagesordnung sind, laufen viele Eltern Gefahr, in einen Funktionsmodus zu verfallen. Das ist eine normale Reaktion, denn sie gibt das Gefühl, etwas tun zu können und für das Wohlergehen aller in der Familie zu sorgen. Doch leider hat auch dieses Vorgehen eine Kehrseite. Neben all der Aufgaben und Abstimmungen geht etwas Wichtiges sehr schnell unter: du selbst! **Chronisch kranke Kinder brauchen starke Eltern.** Nicht nur für eine gute Versorgung, sondern auch für eine stabile Beziehung zueinander. Denn wenn Kinder spüren, dass sie nur noch sorgenvoll und in Zusammenhang mit ihrer Krankheit betrachtet werden, verändert sich die Beziehung zu ihren Eltern. Sie möchten nicht noch mehr Kummer bereiten, weil sie spüren, wie die Kräfte aller schwinden. Es ist also wichtig, bei all der Sorge um das eigene Kind, sich selbst nicht aus den Augen zu verlieren. Denn die Investition in die eigene Stärke ist am Ende eine Investition in die Familie und die Kinder, die davon nur profitieren können. Eltern stellen das Glück ihrer Kinder oftmals über das eigene. Dabei lernen Kinder schon früh von ihren Eltern. Leben wir ihnen also einen angemessenen und rücksichtsvollen Umgang mit uns selbst und unseren Kräften vor – auch in Krisensituationen –, dann lernt das Kind ebenso einen liebevollen Blick auf sich selbst und seine eigenen Kräfte.

> *Ich brauchte eine ganze Weile, um zu registrieren, was da mit dem Kind, mit mir und mit uns als Familie passiert. Viel geweint habe ich allerdings nicht. Das ist aber irgendwie auch nicht meine Art, mit sowas umzugehen, scheint mir. Ich war wütend und ratlos und fraß alles in mich hinein. Ich versuchte, stark zu sein für den Rest der Familie.*
> ▶ *Josefine, Kinder haben lymphoblastische Leukämie sowie ADHS und Asthma*

So wichtig du für deine Kinder auch bist, du solltest dein (krankes) Kind niemals ausschließlich in den Mittelpunkt stellen. Das ist besonders zu Beginn schwierig und mag auf den ersten Blick nicht nachvollziehbar oder gar egoistisch wirken. Aber auch das chronisch kranke Kind braucht seinen Raum. Wenn es nicht permanent im Mittelpunkt der familiären Aufmerksamkeit steht, hat es ebenso wie die Eltern die Möglichkeit, sich von seiner Diagnose zu lösen und ein relativ normales Leben zu führen.

Selbstfürsorge ernst nehmen

Je schwerer die Diagnose und der mögliche Behandlungsweg des Kindes sind, umso größer ist die Umstellung für dich. Bei einigen chronischen Erkrankungen verursacht die Behandlung einen großen Zeit- und Arbeitsaufwand, der auch zu Hause keine Pause macht. Du musst an Medikamente denken, bestimmte Übungen machen, auf Werte achten oder den generellen Zustand deines Kindes im Auge behalten. Du bist aber kein*e Hilfstherapeut*in. So sehr du dich dieser Aufgabe auch annimmst und dein Kind unterstützt: Wenn 24/7 die Kraft für das Kind draufgeht , ist sie schnell erschöpft.

DIE EIGENEN BEDÜRFNISSE SPÜREN UND WAHRNEHMEN

Stell dir regelmäßig folgende Fragen, um deine Kraftreserven im Blick zu behalten:

- *Esse ich regelmäßig? Esse ich gesund? Was würde ich gerne essen, das ausgewogen und nahrhaft ist?*
- *Trinke ich den Tag über genug? Was trinke ich vorwiegend, wenn ich Durst habe?*
- *Schlafe ich ausreichend? Was hält mich von ausreichend Schlaf ab?*
- *Bewege ich mich genug? Wie kann ich trotz Einschränkungen zu mehr Bewegung kommen?*
- *Fühle ich mich sicher? Spüre ich, dass alle genug tun, um die Lage unter Kontrolle zu haben – auch ich? Wen oder was brauche ich, um mich sicherer zu fühlen?*
- *Mit wem stehe ich in Kontakt? Rede ich mit anderen, tausche ich mich mit ihnen über meine Gefühle und Gedanken aus? Mit wem möchte ich mich austauschen?*

Oft scheint es, als würden Eltern chronisch kranker Kinder den Zugang zu ihren eigenen Bedürfnissen und Gefühlen verlieren. Das ist das Ergebnis der eigenen Gefühle und Unsicherheiten, aber auch dem Aufwand um Behandlung und Pflege des Kindes geschuldet. Es entsteht der Eindruck, dass die eigenen Bedürfnisse keinen Platz im Alltag haben, oder sie wirken für viele Eltern unangemessen und egoistisch. Aber ist das wirklich so?

> *Ich habe mir folgende Fragen gestellt, deren Antworten mir immer im Moment halfen: Was brauche ich? Was tut mir gut? Wo finde ich Unterstützung? Wenn ich auf mein Herz höre, was sagt es mir?*
> ▶ *Jessika, Tochter hat eine Pulmonalatresie und ein hypoplastisches Rechtsherzsyndrom sowie eine Mitralklappeninsuffizienz*

Die eigenen Bedürfnisse sind kein Tabuthema. Du darfst dich um dich selbst kümmern und dich fragen: Was brauche ich?

Wenn du dich rund um die Uhr um dein Kind und die Familie kümmerst, kann dieser Blick allerdings verloren gehen. Ihr kocht, was das Kind gerne isst. Ihr spielt und lest, was das Kind möchte. Der Zeitplan des Tages wird von Ärzt*Innen oder der Pflege vorgegeben. Wo bleibt der Raum für dich selbst? Kurz: Du musst ihn einfordern. Das ist keine leichte Aufgabe, wenn die Gedanken vor allem am Anfang um das Kind und seine Gesundheit kreisen. Doch die Verbindung zu dir selbst ist wichtig, um bei Kräften zu bleiben und nicht zusammenzubrechen.

Ein wesentlicher Punkt, den viele Eltern in dem Moment nicht vor Augen haben: Je weniger Verantwortung wir für uns selbst und unser

Wohlergehen übernehmen, desto mehr fühlen sich unsere Kinder für uns verantwortlich. Das muss nicht nur das kranke Kind sein, sondern kann auch die Geschwisterkinder betreffen. Kinder haben ein sehr feines Gespür für Stimmungen und das Wohl aller, auch wenn das nicht immer offensichtlich ist. So möchten sie zusätzliche Konflikte mit ihren Eltern vermeiden, ihnen nicht noch mehr Sorgen machen oder möglichst viel zu Hause helfen. Manche Kinder neigen dann aber auch dazu, ihre wahren Gefühle und auch ihren Zustand zu verheimlichen, um den Eltern nicht noch mehr zuzumuten. Das ist gefährlich. Denn du bist für eine gute Behandlung meist auf die Kooperation, Gespräche und ehrliche Auskünfte deines Kindes angewiesen. Nicht nur zum Schutz deiner eigenen Kräfte, sondern auch zu dem der Kinder in der Familie oder der Ressourcen deines Partners oder deiner Partnerin. Denn auch diese können dazu neigen, ihr eigenes Wohl hintenanzustellen, um für den Rest der Familie alles zu geben. Wenn alle in der Familie so denken und vorgehen, kann das schnell dazu führen, dass niemand mehr wirklich bei Kräften ist und Zugang zu seinen Bedürfnissen hat.

Es geht dabei nicht um lange Auszeitwochenenden in einem Wellness-Hotel oder Ähnliches, denn viele Eltern würden und können das oft nicht mit ihrem Gewissen, dem Umfeld oder Behandlungen vereinbaren. Es geht eher um den Blick auf sich selbst im Alltag. Der sollte liebevoll und dir selbst zugewandt bleiben. Dafür reicht es oft schon, in alltäglichen Momenten auf dich und deine Bedürfnisse zu schauen. Wenn dein Kind gerade nur Nudeln mit Butter essen mag, ist das kein Grund, dich selbst auch ausschließlich davon zu ernähren. Worauf hast du Appetit? Egal ob Kochen oder Lieferdienst, es geht dabei vor allem um die Wahrnehmung deiner Bedürfnisse und darum, diese für dich zu erfüllen. Gutes und bewusstes Essen kann Balsam für die Seele sein und wieder eine kleine Verbindung zu dir herstellen.

Welche Form der Blick auf dich selbst annimmt, ist dir überlassen und hängt auch von deiner Zeit und deinen Möglichkeiten ab. Lass es eine Tasse Kaffee oder Tee ohne Handy und Ablenkung sein, ein Spaziergang oder Yoga und Meditation zu Hause. Es gibt unzählige Möglichkeiten, die sowohl wenig Zeit als auch wenig Zubehör benötigen. Dennoch kann die Wirkung enorm sein, einfach weil du für dich selbst einstehst und in diesen kleinen Momenten Kraft sammeln kannst. **Egal, wie du wieder den Blick auf dich lenkst, wichtig ist, dass es nicht bei einer kleinen einmaligen Auszeit bleibt.** Wie wäre es damit, jeden Tag etwas Zeit für dich zu blocken, und sei es wirklich nur für die Tasse Tee am Morgen?

IDEEN FÜR KURZE AUSZEITEN

Meditiere: 5–10 Minuten am Tag bewusst auf die Atmung zu achten und auf sich selbst zu konzentrieren, fördert die eigene Ruhe. Es gibt teils kostenfreie Apps, die dabei helfen.

Das Kind schläft mittags oder beschäftigt sich selbst? Mach dir einen Kaffee/Tee und **schaue einmal bewusst aus dem Fenster**. Keine digitale Ablenkung, nur die Wahrnehmung dessen, was sich vor dem Fenster abspielt. Was siehst du? Beschreibe es für dich.

Sage offen, was dir fehlt: Einen Tee zu trinken oder zu meditieren zeigt deiner Familie nicht, was du brauchst. Sprich an, dass du Pausen benötigst oder etwas Abstand. Nur so kannst du auch Vorbild für dein Kind sein, weil es sieht, wie man Grenzen und Bedürfnisse für sich selbst wahrt.

Achtsamkeit in extremen Situationen

Leider sind nicht alle chronischen Erkrankungen schnell und im besten Falle mit viel Zeit zu Hause überstanden. Im Gegenteil: Ein

Großteil der Diagnosen erfordert zeitintensive Aufenthalte in Kliniken und Arztpraxen, viel Aufmerksamkeit und oft auch einen langen Atem. Diese Situationen sind extrem und lassen sich nicht mal eben nebenbei ausstehen. Wenn ihr zum Beispiel wochenlang im Krankenhaus seid, du unzählige Untersuchungen und Behandlungen mit deinem Kind durchlebst und dich so ein Stück weit selbst aufgibst, fällt Achtsamkeit für dich selbst wahnsinnig schwierig. Sie scheint unmöglich, wenn um einen Geräte piepen, Werte gemessen werden und im Zweifel intravenös Medikationen erfolgen. Dann die Yogamatte auszurollen, ist undenkbar und wirkt sicher auch skurril. Doch es geht bei Achtsamkeit nicht nur um das nach außen Sichtbare, das spürbar einen Unterschied in den eigenen Kräften ausmacht. Der Blick und die Zuwendung nach innen können dich genauso davor schützen, dass die eigenen Kräfte leerlaufen. Wie das aussehen kann?

IMPULSE FÜR ACHTSAMKEIT IN EXTREMSITUATIONEN

Etwas, was nicht nur dir selbst guttut, sondern auch den Blick auf die Situation verändert: Schreibe jeden Tag eine kleine Sache auf, die heute für dich gut war. Es gibt im Buchhandel auch Tagebücher für 365 Tage. In denen gibt es für jeden Tag ein oder zwei Zeilen, wo du die positiven Momente für dich festhalten kannst. Es eignet sich aber auch jedes andere Notizbuch, das du zur Hand hast.

Das Gute kann der heiße Kaffee am Morgen oder die Partie UNO mit den Kindern auf dem Zimmer sein. Es kann die Sonne sein, die durchs Fenster scheint oder der Blumenstrauß vom Besuch am Nachmittag.

Diese Momente festzuhalten, schärft deinen Blick auf das Gute. Blätterst du später die Sammlung schöner Momente durch, kommen nicht nur negative Erinnerungen und damit verbundene Emotionen hoch, sondern auch das Gute. Es ist da! Wir müssen nur bereit sein, es wahrnehmen zu wollen.

Je nach Diagnose und Behandlung können um dich auch andere Eltern mit ähnlichen Schicksalen sein. Selbst wenn nicht, sind sicherlich Eltern in deiner Nähe, die auch für ihre Kinder da sind und zumindest die Sorge und das Aufreiben für die Behandlung kennen. Vernetzt euch miteinander, suche dir jemanden, mit dem du dich austauschen kannst und der*die im Zweifel auch mal kurz auf das Kind schauen kann, damit du durchatmen kannst. Vor allem der Austausch mit Personen, die die Gefühle in dir kennen und selbst Ähnliches erlebt haben, kann helfen. Wichtig dabei ist allerdings, sich die Gefühle und Sorgen der anderen nicht zusätzlich aufzuladen und ein bisschen inneren Abstand zu halten.

Ich selbst habe damals einfach ohne nachzudenken im Autopiloten funktioniert und erst viel später realisiert, was wir da gerade durchmachen. Ich habe zu wenig auf mich und meine Bedürfnisse geachtet, weil ich nur im „Überlebensmodus" war.
▶ Jessika, Tochter hat eine Pulmonalatresie und ein hypoplastisches Rechtsherzsyndrom sowie eine Mitralklappeninsuffizienz

Viele Kliniken bieten in Zusammenarbeit mit sozialen Diensten auch Besuchs- und Spieldienste an. Das bedeutet, dass freiwillige Helfer*innen, zumeist Rentner*innen, auf die Station kommen, um den Kindern vorzulesen oder mit ihnen zu spielen. Diese Besuche bieten nicht nur für die Kinder neue Impulse und besondere Verbindungen. Auch die Eltern haben so einen kurzen Moment, um durchzuatmen, kurz allein vor die Tür zu gehen oder zu duschen. Dinge, die in extremen Situationen, enorm wirksam sein können, um den eigenen Akku wieder aufzuladen.

Ärzt*innen vertrauen (lernen)

Wir geben unseren Kindern viel Zeit. Wenn uns und ihnen eine neue Situation, wie zum Beispiel die Betreuung im Kindergarten, bevorsteht, planen wir Zeit für die Eingewöhnung und den Aufbau von Vertrauen ein. Nicht nur für unser Kind, sondern auch für uns. Wir möchten die Erzieher*innen kennenlernen, wissen, wer sich nun um unser Kind kümmert und auf es reagiert. Bekommt unser Kind die Diagnose einer chronischen Erkrankung oder muss generell unvorhergesehen in die Klinik oder in ärztliche Behandlung, haben wir eines oft nicht: Zeit.

Vieles muss schnell gehen und sofort entschieden und umgesetzt werden. Oft liegen zwischen erstem Kennenlernen der behandelnden Ärzt*innen und dem Beginn der Behandlung wenige Stunden bis Tage. Vertrauen kann so nicht langsam wachsen. Doch in diesem Moment hat etwas anderes Priorität: Wichtig ist, dass deinem Kind so schnell es geht geholfen wird. Das heißt auch, dass es zu teilweise fremden Menschen in den Behandlungsraum oder gar den OP muss. Vielen Eltern fällt das schwer, da sie weder den*die Ärzt*in als Mensch noch seine*ihre fachliche Expertise einschätzen können. Doch gerade in Bezug auf chronische Erkrankungen sind Kliniken sehr gut aufgestellt und haben für viele Erkrankungen Spezialist*innen.

ÄRZT*INNEN VERTRAUEN

Wichtig ist dennoch, dass ihr euch auch wirklich gut aufgehoben fühlt. Das lässt sich an einigen Punkten außerhalb des Bauchgefühls festmachen. Denn das kann in diesen Momenten trügerisch und irreführend sein. Objektiv kannst du Ärzt*innen selten beurteilen. Hier kommt ein gewisser Vertrauensvorschuss ins Spiel, den du ihnen gewähren musst. Solange keine ernstzunehmenden Zweifel aufkommen, sieh Ärzt*innen als die fachlichen Expert*innen für dein Kind an. Um dir das leichter zu machen, stell dir folgende Fragen:

- *Wie geht das medizinische Personal während der Untersuchung auf das Kind ein?*
- *An wen richten sich die Dialoge im Raum? Ausschließlich an dich oder auch in angemessener Sprache an das Kind?*
- *Wie wird auf Fragen reagiert? Werden Sachverhalte gut und verständlich erklärt?*
- *Werden Fragen auch mehrmals und geduldig beantwortet?*

Es ist nicht leicht, dein Kind fremden Menschen zu überlassen, die du vorher noch nie gesehen hast. Doch oft entsteht relativ schnell eine Vertrauensbasis zwischen betroffenen Familien und dem Fachpersonal in Praxen und Kliniken, da sich beide Seiten bewusst sind, wie wichtig diese Beziehung von nun an sein wird.

Solltest du dennoch ein schlechtes Gefühl haben, entstehen Unsicherheiten oder gibt es fachliche Unklarheiten, dann ignorier deine Wahrnehmungen nicht. Immerhin gibst du dein Kind in die Hände anderer. Deswegen solltest du neben den sowieso schon bestehenden Ängsten um dein Kind nicht noch Unsicherheit oder Misstrauen spüren. Eine weitere Meinung oder ein klärendes Gespräch kann in dem Fall hilfreich sein. Wichtig ist, dass du hier proaktiv vorgehst und sagst, was dich verunsichert. Manchmal ergeben sich daraus hilfreiche Antworten, weil weder Ärzt*innen noch Pfleger*innen sich aller Gefühle der Eltern bewusst sein können oder weil sie durch Zeit- und Termindruck zu schnell agiert haben. Auch auf ihren Schultern lastet viel Druck und Verantwortung.

Gibt es berechtigte fachliche Zweifel, musst du handeln und nach Alternativen oder zweiten Meinungen fragen. Das kann die behandelnden Ärzt*innen verunsichern oder andere Gefühle hervorrufen, aber in dem Moment sollte für alle ein Mensch im Mittelpunkt der ärztlichen Behandlung stehen: dein chronisch krankes Kind.

Die Rolle der sozialen Medien

Schon im normalen Alltag haben Internet und soziale Medien eine große Bedeutung. Sei es zur Organisation des Familienalltags mittels digitaler Kalender, für Absprachen per Nachricht oder die Suche nach Informationen im Internet. Mittlerweile nutzen sieben von zehn Eltern regelmäßig Social-Media-Kanäle. Dort tauschen sie sich aus, suchen Inspirationen oder Gleichgesinnte. Ganz vorn dabei ist der Austausch zu Themen rund um Baby, Elternschaft und Familien in Communitys, auf Facebook, Pinterest, Blogs und Instagram. Susanne Mierau, Autorin und Bloggerin, prägte den Begriff der „Online-Eltern" beziehungsweise des „Onlineclans". Denn im Gegensatz zu früher, als Familien und Gemeinschaften real und nah beieinander lebten, sich austauschten und ihre Kinder gemeinsam großzogen, sind Eltern heute vorwiegend auf sich allein gestellt. Dabei brauchen Eltern andere Eltern. Ihre Lösung: Sie erschaffen sich einen Elternclan im virtuellen Raum. In dieser Gemeinschaft tauschen sie sich aus, stärken sich den Rücken und helfen einander – mit Worten und Bildern in sozialen Netzwerken oder digitalen Nachrichten. Dieser Gedanke des Onlineclans bekommt für Eltern chronisch kranker Kinder noch eine ganz andere Bedeutung. Denn für sie geht es nicht um die Suche nach Inspirationen und Anregungen fürs Familienessen oder Ideen für die Kinderzimmereinrichtung. Eltern chronisch kranker Kinder treibt das Bedürfnis nach Austausch mit Gleichgesinnten an. Sie suchen Menschen, die das, was sie gerade erleben, ebenso kennen. Jede Angst, jede Hoffnung, jede Option.

> *Mit der Diagnose war ich komplett überfordert. Kann mein Kind nun damit leben oder nicht? In einer Facebook-Gruppe fand ich andere Eltern betroffener Kinder. Der Austausch mit ihnen hat mir geholfen. Zum Teil, weil sie mir hoffnungsvolle Geschichten ihrer Kinder erzählten. Aber auch, weil sie sachlich über bevorstehende Untersuchungen und Medikationen berichteten.*
> *Ich fühlte mich verstanden.*
> ▶ *Peggy, Sohn hat Multiple Sklerose*

Die Möglichkeit, in kürzester Zeit eine nahezu unüberschaubare Menge an Informationen zu bekommen, ist verlockend und oft hilfreich, wie im Kapitel „Dr. Google" (S. 15) erläutert.

Doch unabhängig von der Möglichkeit, sich über die Diagnose und Behandlung zu informieren, haben soziale Medien einen weiteren Fokus: den Austausch unter Menschen, die ähnliche Anliegen oder Interessen haben. So kannst du dort schnell andere Familien finden, die Vergleichbares erlebt haben oder aber genau am selben Punkt stehen. Der Austausch mit Gleichgesinnten kann helfen, denn niemand versteht deine Gefühle so gut wie andere Eltern, die für ihr Kind die gleiche oder eine ähnliche Diagnose bekommen haben. Was hat ihnen geholfen? Wie sind sie damit umgegangen? Und wie geht es der Familie heute? Fragen, deren Antworten helfen können, mit der eigenen Geschichte umzugehen.

Wir fanden eine Familie in der Nähe, die eine ähnliche Diagnose für ihr Kind erhalten hat. Das wäre ohne die sozialen Medien nicht einfach gewesen. Wir haben uns oft ausgetauscht und bald auch besucht. Diese Familie zu sehen und von ihren Erfahrungen zu hören war gut. Aber ich hatte auch jemanden, den ich fragen konnte. Schließlich haben sie all das, was wir vor uns hatten, schon erlebt.

▶ *Peggy, Sohn hat Multiple Sklerose*

Vor allem in der ersten Zeit nach der Diagnose und beginnenden Behandlungen oder bei längeren Krankenhausaufenthalten sind die sozialen Netzwerke reizvoll. Sie können ablenken, zerstreuen und in besonders zähen Zeiten beschäftigen. Denn während die eigene Welt stillzustehen scheint und die Fragen und Sorgen einen zu überrollen drohen, ist im Smartphone und den darin bespielten Kanälen alles beim Alten. Die Eltern, die sich dort zeigen, berichten weiterhin von ihren Alltagsthemen. Das kann dich ablenken und dich für kurze Zeit deine eigenen Sorgen vergessen lassen. Eine Strategie, die nicht zu unterschätzen ist. Aber als Mutter oder Vater eines chronisch kranken Kindes fühlst du dich oft und vor allem in der Anfangszeit unendlich weit davon entfernt, was andere bei Instagram & Co. zeigen. Das steigert nicht nur den inneren Druck, weil ihr nicht mehr dazuzugehören scheint. Es führt mitunter auch dazu, dass du dich dadurch selbst infrage stellst und minderwertig fühlst. Das kann den Frust steigern, für Neid sorgen und damit die eigene Stimmung und Gefühle stark negativ beeinflussen. Dieser Strudel aus Neid und Demotivation sollte dir bewusst sein. Wenn du also merkst, dass es dir nach dem oft unbewussten Griff zum Handy nicht gut oder gar schlechter geht, liegt das vielleicht an den Inhalten und sozialen Medien, die du gerade konsumiert hast. Das wird dir erst mit der Zeit klar. Eine

Möglichkeit, damit umzugehen, ist, die sozialen Netzwerke zu meiden oder die entsprechenden Apps komplett zu löschen. Dann kannst du dir aber die positiven Ablenkungseffekte nicht zunutze machen. Vielleicht ist ein Zwischenweg sinnvoller: Wem folgst du in den sozialen Netzwerken? Wer tut dir gut? Welcher Kanal führt dazu, dass du dich schlecht fühlst? Die Namen, die dir bei der letzten Frage einfallen, solltest du meiden.

Ich habe komplett automatisch durch meinen Instagram-Feed gescrollt und danach war ich traurig. Andere leben ihr Leben, meckern über das Wetter und ihre Kinder und ich sitze in der Klinik am Bett meiner Tochter. Ich habe Instagram gelöscht und stattdessen angefangen, in einer App Kurzzusammenfassungen von Büchern zu lesen. Das lenkte mich auch ab, aber ich habe etwas gelernt und war danach nicht deprimiert.

Melli, Tochter hatte ein Neuroblastom

Vielleicht findet sich auch ein kleiner Kreis Eltern, die Ähnliches erleben und bereit sind, sich mit dir auszutauschen. Diese Entscheidung ist sehr individuell und hilft sicher nicht allen, aber sie kann den Umgang mit der neuen Situation und deinem Kind im Positiven stärken. Wer weiß, vielleicht bist du auch die- oder derjenige, der*die anderen Eltern perspektivisch helfen kann, mit ihrem Schicksal umzugehen, und sie dazu motiviert, sich für andere Eltern und ihre Kinder stark zu machen. Denn so wie du vielleicht in der ersten Zeit nach Vorbildern und Gleichgesinnten gesucht hast, suchen jeden Tag auf der Welt andere Eltern nach ebendiesen.

INTERNET UND SOZIALE MEDIEN SINNVOLL NUTZEN

Sei besonnen: Google nicht sofort nach der Diagnosestellung oder bei jeder neuen Frage. Atme durch, sortiere deine Gedanken, überlege, was du wirklich brauchst, und recherchiere, wo es vertrauensvolle Informationen gibt.

Frag die Profis: Bitte Ärzt*innen, Pfleger*innen, andere Betroffene usw. um Tipps, auf welchen seriösen Seiten und in welchen Gruppen du Gleichgesinnte zum Austausch finden kannst.

Vorsicht vor „Fake-News": Nicht alles, was im Internet steht, ist korrekt. Versuche, verlässliche Seiten zu finden, Informationen von Fachleuten, Vereinen usw. Das ist nicht immer einfach, aber mit der Zeit wirst du ein Gespür dafür bekommen, welchen Informationen du trauen kannst und wo du sie findest.

Hole dir Hilfe: Wenn du Angst hast, zu viele negative Informationen und Erfahrungsberichte zu finden, bitte jemanden anderen darum, für dich zu recherchieren und dir die Informationen zusammenzustellen.

Sortiere aus: Lösche Social-Media-Accounts, die dir nicht guttun. Entweder, weil sie zu detailliert schlimme Erfahrungen schildern, oder auch, weil du die vermeintlich „heile Welt" von Familien mit gesunden Kindern nicht erträgst.

Die Macht der kleinen Schritte

Mit der Diagnose einer chronischen Erkrankung haben Eltern nicht selten das Gefühl, vor einem riesigen Meer zu stehen, dessen Ufer sie nicht sehen können. Es wirkt dunkel, mit starken Wellen und wahnsinnig tief: so viele Unebenheiten, Unsicherheiten und der Ausgang ist bei manchen Diagnosen nicht klar. Das Gefühl kann überwältigend sein und dich, neben Ängsten um dein Kind, in eine Gedankenspirale ziehen, die alles andere als hilfreich ist.

Negative Gedanken verstärken sich, wenn sie kein Ventil finden. Indem du stets das große Ganze im Kopf hast, trübt sich der Blick für die kleinen Dinge und Schritte, die es zu gehen gilt oder die sogar schon gegangen und bewältigt wurden.

> *Wir denken nicht so viel über das Was-Wäre-Wenn nach, sondern stellen uns der Situation, wenn sie da ist.*
> *▶ Ulrike, Tochter hat Osteogenesis imperfecta/Glasknochenkrankheit*

Den Blick auf die kleinen Schritte zu richten, verringert nicht immer deine Unsicherheiten. Das ist okay. Es ist sogar wichtig, diese Unsicherheiten zu akzeptieren, denn sie können niemals zu hundert Prozent entkräftet werden. Das klingt wie ein unmöglicher Schritt, aber er ist machbar: Toleriere die Unsicherheiten. Denn es wird immer Dinge geben, die wir nicht beeinflussen können. Allein schon die Tatsache einer chronischen Erkrankung ist weder deine Schuld, noch kannst du etwas daran ändern. Das Einzige, was du ändern kannst, ist deine Sicht darauf.

Nicht nur mangelndes Wissen sorgt für Angst, sondern auch die Unübersichtlichkeit dessen, was vor einem liegt. Will jemand von Europa nach Amerika segeln, schaut er sich zwar den Weg über den Atlantik an, unterteilt diese Strecke aber in einzelne Abschnitte, die er an einem Tag oder in einem kleinen Zeitraum schaffen kann. Dieses Vorgehen heißt auch „Macht der kleinen Schritte“. Denn das große Ganze – sprich die Diagnose mit all ihren Behandlungen und möglichen Folgen – ist unüberschaubar. Indem du dieses Ganze auf kleine Etappen verteilst und nur noch von Situation zu Situation denkst, wird der Fokus mehr auf das Hier und Jetzt gelenkt. Die Ängste haben dadurch weniger Spielraum und bieten eine kleinere Angriffsfläche.

> *Ich habe mir angewöhnt, nur noch bis zum nächsten Behandlungsschritt zu denken. Wenn also am Montag eine Vollnarkose mit Untersuchung anstand, war ich bis zum Vorabend ruhig, denn was konnte ich bis dahin schon ändern oder machen? Das hat mich entspannt und ich konnte besser bei mir und der Familie sein, weil ich mich weniger in Gedanken und Ängsten verlor.*
>
> ▶ *Jan, Tochter hatte ein Neuroblastom*

Indem also zum Beispiel der Behandlungsplan anschaulich und greifbar auf einzelne Termine heruntergebrochen wird, sind diese kleinen Schritte deutlicher. Ebenso kann die Einteilung in kleinere Etappen auch den Geschwistern oder Freund*innen und der Familie helfen, weil sie besser eingeweiht sind und einen Überblick haben.

Schaff dir einen Kalender an, in dem du die kommende Zeit im Blick hast. Darin trägst du wichtige Etappen ein und markierst besondere Phasen der Behandlung. Von der Insulin-Einstellung über regelmäßige Untersuchungen bis hin zum Lungenfunktionstest, alles hat seinen Platz. So nimmst du immer wieder visuell wahr, an welchem Punkt ihr seid. Ist der nächste Schritt noch etwas entfernt, kannst du die kommende Zeit als Pause sehen und gedanklich durchatmen. Nein, das ändert nichts an eventuell bedrohlichen oder angsteinflößenden Untersuchungen in ein paar Tagen, Wochen oder Monaten. Aber in der Wartezeit immer nur daran zu denken, macht es nicht besser.

DEIN KRANKES KIND

Während du dich, deine Gefühle und Gedanken bewusst wahrnehmen kannst, bleibt dir bei deinem Kind nur die Beobachtung. Wie geht es ihm? Wie fühlt es sich? Hat es Angst? Die Verbindung und Beziehung zu deinem Kind steht im Fall einer chronischen Erkrankung im Mittelpunkt. Nur so kannst du es bewusst und gut begleiten, um es stark zu machen – für alles, was kommt.

Der kindliche Umgang mit der Krankheit

Kinder haben ein enormes Vertrauen. In die Welt und vor allem in die Menschen um sie herum. Sie glauben, dass Eltern beziehungsweise ihnen wichtige Personen alles für sie lösen können und immer für sie da sind. Umso verständlicher, dass dein elterliches Herz einen Stich bekommt, denn sowohl dir als auch deinem Kind werden auf einmal klare Grenzen aufgezeigt: Ich bin krank und Mama und Papa können nichts dagegen tun.

Ab einem gewissen Alter verstehen Kinder das. Doch Babys und Kleinkinder nehmen vor allem äußere Krankheitsphänomene und Symptome wahr. Innere und damit unsichtbare sind für sie nicht existent. Demnach haben auch ihr Verständnis und ihre Kooperationsbereitschaft Grenzen: Einen gebrochenen Arm muss ich schienen, um ihn wieder benutzen zu können. Aber was ist zum Beispiel eine Bauchspeicheldrüse? Warum soll ich mich piksen lassen?

> *Als ich ganz zu Beginn unseres Weges viel weinte, fragte mich mein Kind, warum ich so traurig sei. Ich antwortete: „Weil ich Angst um dich habe." Es überlegt kurz und sagte dann: „Ich habe nachgeguckt. Ich habe keine Angst. Also du auch nicht Mama, okay?"*
>
> ▶ *Peggy, Sohn hat Multiple Sklerose*

Akzeptanz, Mut und Wissen

Chronisch kranke Kinder müssen sich nach der Diagnose sehr lange, vielleicht sogar ein Leben lang mit ihrer Krankheit auseinandersetzen. Selbst wenn sie einen guten Umgang damit gefunden haben, wird es immer wieder Situationen geben, die sie vor neue Herausforderungen stellen. Gerade in der Entwicklung des Kindes, in der vieles Neue auf es einprasselt – Kindergarten, Schule, Reisen, Wachstum oder Pubertät – wird es Momente geben, die schwieriger zu meistern sind als der Alltag. Vor allem, wenn Kinder oder auch die Familie die chronische Erkrankung als Ungerechtigkeit ansehen, können diese Situationen fernab des normalen Alltags Frust oder Wut auslösen. Das beeinflusst nicht nur die Eigenwahrnehmung des Kindes, sondern auch die Behandlung und das Leben mit einer chronischen Erkrankung.

Der wohl wichtigste Schritt, um bei deinem Kind die Wahrnehmung des eigenen Selbst und das Leben mit seiner Krankheit in Einklang zu bringen, ist die Akzeptanz. Es wird dauern, bis ihr an diesem Punkt angekommen seid, aber sie ist essenziell, um gemeinsam gegen die chronische Erkrankung kämpfen und sie im besten Fall ins Familienleben integrieren zu können. Dabei spielen das altersgerechte Wissen um die Krankheit, Strategien für verschiedene

Situationen und auch der generelle Umgang der Familienmitglieder mit der Krankheit eine wesentliche Rolle. Wenn dein Kind merkt, dass du es am liebsten in Watte packen möchtest und permanent Angst hast, sobald es außerhalb deiner Obhut oder medizinischen Versorgung unterwegs ist, kann es diese Angst übernehmen. Noch schlimmer wäre es, wenn dein Kind auf diese nachvollziehbare, aber starke Fürsorge mit Ablehnung, Rückzug oder Wut reagiert. Das schwächt nicht nur die wichtige Bindung zwischen euch, sondern eben auch den Umgang mit der eigenen Diagnose. So verständlich deine Sorge um dein Kind ist, so musst du dich doch (etwas) zurücknehmen und versuchen, es altersentsprechend „ziehen“ zu lassen. Denn bekommt die Krankheit zu viel Platz im Familienleben, kann das weitreichende Folgen haben.

WEGE ZUR AKZEPTANZ

Im Bereich **Hobbys, Aktivitäten oder Ernährung** können je nach Diagnose Veränderungen anstehen, vor allem, wenn die Krankheit deines Kindes mit körperlichen Einschränkungen verbunden ist. Gerade Kinder und Jugendliche finden das doof. Verständlich!

Doch statt die Dinge im Blick zu haben, die dein Kind nun nicht mehr machen kann, könnt ihr zusammen folgende Fragen beantworten und damit den Blick auf das Neue und mitunter sogar Positive lenken:

- *Was kann ich noch machen, von dem, was für mich normal ist?*
- *Was möchte ich nicht aufgeben, auch wenn es mit Einschränkungen verbunden sein kann? Wie kann ich es beibehalten?*
- *Gibt es neue Dinge, die ich bisher noch nicht kannte?*
- *Was wollte ich schon immer mal machen bzw. probieren und was davon ist möglich?*

- *Mit wem kann ich die neuen Dinge umsetzen oder testen? Wer kann mein „partner in crime" sein?*
- *Was brauche ich für die neuen Hobbys, Aktivitäten oder Gerichte?*

Der zweite und ebenso wichtige Schritt ist Mut und Offenheit. Mit Diagnosestellung einer chronischen Erkrankung verändert sich für dein Kind und eure Familie relativ schnell einiges im Leben. Sei es durch eine engmaschige und lebenswichtige Behandlung oder durch regelmäßige Untersuchungen oder Medikamente, die dein Kind einnehmen muss. Das betrifft euren gesamten Alltag und erfordert vor allem Eines: den Mut, offen mit der Erkrankung und allen Veränderungen umzugehen – egal ob nach außen oder für euch im privaten Rahmen. Wenn sich Kinder der Wichtigkeit bestimmter Dinge, wie zum Beispiel der selbstständigen Verwendung einer Insulinpumpe, für ihr eigenes Wohlbefinden bewusst sind, können sie diese auch überall mit Mut und Offenheit benutzen. Weil sie wissen, dass „ohne" eben keine Option ist.

Doch gerade äußerliche Veränderungen, wie nach chemotherapeutischen Behandlungen, Operationen oder durch sichtbare Hilfsmittel, sind schwer anzunehmen. **Hier greifen der offene Umgang mit der Krankheit in der eigenen Familie, die Akzeptanz der Erkrankung im eigenen Leben und drittens die Erkenntnis, wie wichtig die medizinische Behandlung ist, ineinander.** Dieser Dreiklang ist es, der deinem Kind ein unbeschwertes Leben in seinem eigenen Rahmen erlaubt. Und wie so oft ist das ein Lernprozess. Ein Kind kann lernen, zu den Veränderungen zu stehen. Es muss nicht stolz darauf sein. Aber es ist gut, wenn es irgendwann sagen kann: „So ist es, ich habe eine chronische Erkrankung und brauche Hilfsmittel, damit es mir gut geht."

Diese Sichtweise erleichtert es ihm, sich in sozialen Situationen mit anderen bestmöglich einzugliedern. Kindern fällt das weniger schwer, als Erwachsene oft vermuten. Sie nehmen Veränderungen an anderen wahr, fragen aber meist offen und interessiert nach und nehmen die Antwort als richtig und wichtig an.

Mein Sohn wollte nach der OP seines Auges keine Prothese. Er war der Meinung, kein Mensch hat ein rosa Auge. Das machte ihn stolz und er sagte jedem, der ihn schief anschaute oder im besten Fall direkt nachfragte: „Da hat der Arzt mich operiert und ich mag rosa sehr!" Das hat mich sehr stolz gemacht. Und viele Kinder haben diese Antwort ohne weiteres akzeptiert und meinen Sohn so angenommen, wie er war: mit rosa Auge.
▶ Susanne, Sohn hatte ein unilaterales Retinoblastom

Da Kinder sich selbst und ihre Krankheit oft anders, vor allem gelassener, betrachten als ihre Eltern, kannst du diese positive Eigenwahrnehmung auch nutzen. Sprich mit deinem Kind und mach es zum*zur Expert*in für sich und seine Krankheit. Kläre Fragen genau und beziehe es in Medikation, Behandlungsschritte und Gespräche altersgemäß mit ein. So kann das Kind eine Selbstwirksamkeit entwickeln, die nur förderlich ist. Es reagiert dann auf Kritik, Fragen oder negative Kommentare sicherer, weil es Bescheid weiß. Diese Stärke kann es aber nur entwickeln, wenn die Eigenwahrnehmung nicht negativ beeinflusst wird und das Kind nicht ausschließlich auf seine Diagnose reduziert wird.

Dem Kind offen begegnen

Kinder haben feine Antennen. So gut wir uns auch vor ihnen zusammennehmen, sie spüren instinktiv, dass etwas nicht stimmt. Sie nehmen unsere Sorgen, Ängste und Unsicherheiten wahr. Je nach Alter können sie das in Worte fassen oder spiegeln unsere Gefühle durch Verhalten wie Weinen oder Anhänglichkeit. Deswegen ist es ratsam, Kinder unabhängig ihres Alters und der Diagnose mit einzubeziehen. Natürlich abgestimmt auf sie, ihren Charakter und das weitere medizinische Vorgehen. Denn während es früher eher normal war, Kinder von der Realität fernzuhalten, ist das heute selten der Fall. Eltern wägen ab, wie detailliert sie ihre Kinder in aktuelle Entwicklungen und Geschehnisse einweihen, statt sie rigoros davon fernzuhalten.

Altersgerechte Aufklärung

Einem Kind zu verheimlichen, dass etwas mit ihm nicht stimmt, ist nahezu unmöglich. Zudem lebt ein Großteil der Familien heute auf Augenhöhe miteinander, redet offen und will die Bedürfnisse der Kinder hören und im besten Falle erfüllen. Das beginnt im offenen Miteinander, wenn es um die Krankheit geht, und führt so weit, dass sich Krankenhausaufenthalte und medizinische Behandlungen beziehungsweise Untersuchungen oft wesentlich leichter durchführen lassen, wenn die Kinder wissen und verstehen, was da mit ihnen passiert. Es steht also nicht zur Debatte, OB du es deinem Kind sagst, sondern WIE.

Bei **Babys und Kleinkindern bis 3 oder 4 Jahren** geht es weniger um das Benennen der klaren Diagnose und das Verständnis für körperliche Vorgänge. Für sie ist es oft am schwierigsten, zu verstehen, was da passiert. Das Wissen, dass dein Kind krank ist und die Medizin und Behandlungen braucht, damit es ihm besser geht, ist aber dennoch wichtig. Je nach Diagnose ist es sinnvoll, deinem Kind ein grundlegendes Verständnis seiner Krankheit zu vermitteln.

- Was habe ich?
- Was passiert mit mir?
- Warum müssen wir dieses oder jenes machen?

Die Antworten brauchen keine medizinischen Fachbegriffe, sollten aber dennoch klärend und ehrlich sein. Was in diesem Alter viel wichtiger für dein Kind ist, ist das Wissen darum, dass es nicht allein gelassen wird. In der Regel sind alle Kliniken bei kleinen Kindern damit einverstanden, dass Eltern bei ihren Kindern bleiben. Darauf solltest du im Zweifel auch immer bestehen, denn durch dieses Gefühl der Sicherheit wird die gesamte Behandlung für dein Kind, aber auch für dich und das medizinische Personal, erleichtert. Trennung und Alleinsein sind für Kinder in diesem Alter generell schon schwer zu ertragen. Wenn es dann keine Bindungspersonen in einem neuen unsicheren Umfeld bei sich hat, kann das dem Kind erheblich schaden. Dabei geht es weniger darum, dass immer dieselbe Person beim Kind ist. Du kannst dich mit deinem*deiner Partner*in, Großeltern oder anderen engen Bezugspersonen abwechseln, um selbst auch bei Kräften zu bleiben.

WENN ELFEN SCHMETTERLINGE TANZEN LASSEN

Vor allem im Kleinkindalter helfen auch fantasievolle Brücken, um medizinische Eingriffe und Schritte zu erklären. Wenn du zum Beispiel medizinische Zugänge als Schmetterlinge oder das Pflegepersonal als Elfen bezeichnest, haben Kleinkinder einen anderen Zugang und finden Dinge weniger bedrohlich. Das alles darf nicht glorifiziert werden, kann aber die Berührungsängste der Kleinsten verringern. Mehr dazu im Kapitel „Ärzt*innen, Praxen und Kliniken" (S. 155).

Kinder im Alter von 5 bis 10 Jahren können schon mehr Details verstehen – natürlich auch abhängig von Entwicklung und Charakter. So solltest du Krankheiten klar beim Namen nennen, genauso wie Behandlungen, Geräte oder Fachärzt*innen. Nur so haben die Kinder das Gefühl, dass sie ernst genommen werden und selbst auch mitsprechen können. Überlege je nach Diagnose, ob du die Tragweite für das weitere Leben deines Kindes ansprechen willst. Wenn ein Kind zum Beispiel ein Leben lang Medikamente oder regelmäßige Therapien braucht, dann verstehen das Zehnjährige besser als Fünfjährige, die noch kein umfassendes Zeitverständnis haben und gerade erst ein Gefühl für kausale Zusammenhänge entwickeln.

DIE ANGST VOR MEDIZINISCHEN EINGRIFFEN

Kleinkinder und Kinder bis zum Alter von zehn bis zwölf Jahren haben eines gemeinsam: Die Angst vor medizinischen Eingriffen. Viele Kinder kennen Arztbesuche von früher, als sie Impfungen brauchten oder Infekte hatten. Dass die Behandlungen sich davon stark unterscheiden, merken Kinder jeden Alters. Das kann etwas Bedrohliches für sie haben.

Erkläre deshalb immer, warum eine bestimmte Behandlung gerade nötig ist und was passiert. Versprich nie etwas, das du nicht halten kannst, wie zum Beispiel Schmerzfreiheit. Jede*r ist sich bewusst, dass zum Beispiel das Stechen einer Injektionsnadel pikst. Je eher Kinder das wissen, umso besser können sie sich darauf einstellen und selbst entscheiden, ob es weh tut.

Informiere dein Kind immer über die Notwendigkeit der medizinischen Behandlung. Sag ihm, dass sie lebenswichtig ist und ihm dabei hilft, sich (wieder) besser zu fühlen.

Mehr dazu im Kapitel „Ärzt*innen, Praxen und Kliniken" (S. 155).

Ältere Kinder und Jugendliche sollten über die elterlichen Informationen hinaus auch in einzelne Gespräche mit Ärzt*innen eingebunden werden. Sie können oft schon viele Zusammenhänge verstehen, sich ihr eigenes Wissen rund um ihre chronische Erkrankung aufbauen und diese so in ihr Leben integrieren. Das verhindert keine Wutanfälle, Resignation oder Trotzhandlungen. Aber dennoch ist die Chance groß, dass sich ältere Kinder und Jugendliche gesehen und wahrgenommen fühlen, wenn *mit* ihnen statt *über sie* gesprochen wird. Gib deinem Kind in diesem Alter die Möglichkeit, jederzeit Fragen zu stellen, wenn ihm etwas unklar ist. Lass es bei einigen Gesprächen dabei sein. Dann hast du weniger die Rolle als Vermittler*in, sondern bist ein „partner in crime". Spürst du Unsicherheiten bei deinem Kind, hast du das Gefühl, dass es sich zurückzieht und nicht über seine Probleme und Sorgen spricht, können Ärzt*innen auch anbieten, mit dem Kind allein zu reden. Oft haben ältere Kinder mit chronischen Erkrankungen andere Sorgen, als Eltern auf den ersten Blick vermuten. Nicht alle Themen möchte dein Kind in deinem Beisein ansprechen. Diese Möglichkeit zeigt deinem Kind auch, dass du und die Ärzt*innen ihm vertrauen. Ein wichtiges Signal für euch alle.

Kindliche Schuldgefühle

Kinder denken fälschlicherweise oft, dass sie an ihrer Krankheit schuld sind. Sei es wegen falschen Verhaltens oder als Strafe beziehungsweise Konsequenz für etwas. Bei vielen Kindern liegt das daran, dass sie diese Verbindung im Laufe ihres Lebens schon häufig gehört haben: „Wenn du dir keine Jacke anziehst, wirst du krank." Das Hadern und die anfänglich kindliche Suche nach Ursachen sind verständlich. Aber dieses Gefühl der Schuld darf niemals bleiben und auch nicht im Behandlungsverlauf verstärkt werden. Krankheit ist keine Strafe, sondern (sehr einfach ausgedrückt) eine Laune der

Natur, auf die wir oft keinen Einfluss haben. Und chronische Erkrankungen bei Kindern gehören zum großen Teil eben zu dieser Laune. Zumal die Ursachen der verschiedensten Krankheiten ebenso divers sind wie die Symptome.

Leider leben wir noch immer in einer Fehlerkultur. Wir suchen für alle Probleme und Veränderungen eine Ursache, die wir dafür verantwortlich machen können. „Wegen meiner ruhigen Art bekomme ich die Beförderung nicht“, „Weil ich zu wenig Sport treibe, bin ich so schwerfällig“ und Ähnliches. Selbst, wenn Eltern zu Hause anders handeln und reden, bekommen viele Kinder vor allem in der Schule, aber auch schon im Kindergarten vermittelt, dass Probleme oder Fehler oft eine Ursache in ihnen selbst haben. Wird das Kind dann mit der Diagnose einer chronischen Erkrankung konfrontiert, können Schuldgefühle entstehen. Dieser Gedanke, selbst die Ursache zu sein, kann dich in eine schwierige Phase bringen, wenn dein Kind deshalb Behandlungen verweigert oder resigniert. Ersticke Gedanken wie „Ich habe es verdient, weil …“ möglichst im Keim. Tauchen sie doch vermehrt auf und setzen sich fest, arbeite gemeinsam mit deinem Kind daran, sie loszuwerden.

Versichere deinem Kind – und dir – von Anfang an, dass niemand in der Familie Schuld an der chronischen Erkrankung hat und sprich im Zweifel mit den Ärzt*innen über die ganz individuelle Ursache der chronischen Erkrankung deines Kindes.

Eigene und fremde Reaktionen

Mal ehrlich: Auffallen möchte kaum jemand. Vor allem Kinder und Jugendliche fühlen sich relativ schnell in ihrem Selbst verunsichert, wenn sie durch Dinge Blicke auf sich ziehen, die vermeintlich nicht „normal“ sind. Je älter sie werden, umso stärker sind Gefühle wie

Scham oder Angst ausgeprägt. Sei es, weil sie anders aussehen, oder aber, weil sie sich aufgrund bestimmter körperlicher Einschränkungen oder Medikationen in bestimmten Situationen anders verhalten müssen. So kann zum Beispiel nicht jeder Sport uneingeschränkt ausgeübt werden, bei bestimmten Dingen ist Hilfe erforderlich oder aber das Kind darf bei Aktivitäten nicht mitmachen. Die Bandbreite variiert je nach Diagnose. Es ist also eine große Herausforderung für dein Kind, als die Person gesehen zu werden, die es ist, und sich nicht selbst oder durch andere auf seine Krankheit reduzieren zu lassen. Je mehr dein Kind aber über seine Krankheit weiß und auch die Zusammenhänge zwischen Einschränkungen, Behandlung und Diagnose versteht, umso einfacher fällt es ihm, damit zu leben und umzugehen.

Das schließt trotzdem nicht aus, dass es Momente geben wird, in denen es frustriert darüber ist, wütend auf sich oder das Leben wird oder alles verteufelt. In diesen Momenten hilft es wenig, deinem Kind zu verdeutlichen, dass es weitaus schlechtere Alternativen im Leben gibt. Diese Relativierung von Gefühlen hilft in akuten Situationen und bei Frust nicht. Ermuntere dein Kind, diese negativen Gefühle zuzulassen und auch zu zeigen. Ja, es ist mies, wenn es bestimmte Dinge nicht mitmachen kann. Ja, es ist total blöd, wenn Leute es anstarren, ansprechen oder mit dem Finger auf es zeigen. Vor allem für Kinder und Jugendliche, die sich selbst und die Welt gerade erst entdecken und verstehen lernen. Umso wichtiger, dass du und euer Umfeld verlässliche Partner*innen seid, bei denen dein Kind seine Gefühle rauslassen kann.

Das Vertrauensverhältnis zwischen dir und deinem kranken Kind wird immer wieder auf eine harte Probe gestellt. Es wird durchgerüttelt, bekommt Risse und wird mit noch stärkerem Kleber wieder repariert. **Die Basis für dieses Vertrauen ist, dass dein Kind bei dir und anderen Bezugspersonen alle Arten von Gefühlen zeigen darf.** Frei nach dem Motto: „Es ist okay, dass du alles doof findest.

Es ist verständlich, dass du gerade so wütend bist. Ich sehe, dass du alles und jede*n verfluchen möchtest." Diese belastenden Gefühle und auch Ängste dürfen da sein. Wenn du sie siehst und wahrnimmst, kann dein Kind auch die positiven und stärkenden Emotionen besser fühlen. Rede Ängste und Zweifel nicht klein; das führt eher dazu, dass dein Kind nicht mehr darüber spricht und sie als „verboten" ansieht. Das schadet eurem gegenseitigen Vertrauen.

Genauso, wie dein Kind die negativen Gefühle rauslassen darf und auch soll, **hilft es ihm, die positive Eigenwahrnehmung zu stärken.** Zum Beispiel, indem ihr am Ende des Tages oder auch gern zwischendurch positive Momente sammelt. Denn nicht alles ist doof mit einer chronischen Erkrankung. Es gibt durchaus Hobbys, Freundschaften und andere Aspekte des Alltags, die nicht darunter leiden. Diese sollten besonders hervorgehoben und unterstützt werden, um das Selbstwertgefühl des Kindes zu stärken. Denn ein gut entwickeltes Selbstwertgefühl ist nicht nur hilfreich, um durch Phasen der Selbstzweifel zu kommen. Es schützt auch vor Schikanen und persönlicher Kritik von außen. Die Basis für ein gesundes Selbstwertgefühl ist, dass dein Kind sich geliebt und anerkannt fühlt, dass es ernst genommen und seine Gedanken und Gefühle wahrgenommen werden. Nur so kann es sicher mit sich, seinem Körper, seiner Krankheit und eventuell daraus resultierender Kritik umgehen.

> *Die Mitschüler und auch die Lehrer waren und sind bis heute sehr verständnisvoll, liebevoll und machen sich immer noch Sorgen, wenn es ihm mal nicht so gut geht. Das beruhigt mich sehr.*
>
> ▶ *Tanja, Sohn hat Diabetes Mellitus Typ 1*

Babys und Kleinkinder dagegen nehmen sich schneller an. Nicht nur, weil sie kein „unnormal" registrieren, sondern vor allem auch dann, wenn sie von ihrem nahen Umfeld und wichtigen Bezugspersonen gespiegelt bekommen, dass sie gut so sind, wie sie eben sind – egal ob sie durch ihre Krankheit offensichtlich „anders" sind. Bei sehr frühen Erkrankungen und Diagnosen vergessen kleine Kinder auch oft die konkreten Strapazen der ersten Zeit. Sie wachsen mit ihrer Krankheit auf und sehen diese als Teil von sich, da sie sich an eine Zeit davor kaum erinnern können. Das schließt die Wut auf sich oder mögliche Einschränkungen später nicht aus, erleichtert aber oft den generellen Umgang damit. **Sprich deshalb mit deinem Kind, egal in welchem Alter, immer wieder über seine Gefühle**. Denn je sicherer sich Kinder mit chronischen Erkrankungen in sich selbst und auch in ihrem nahen Umfeld sind, umso sicherer können sie auch auftreten, wenn Bekannte oder Fremde Kommentare oder Beleidigungen aussprechen oder sie mit komischen Fragen und Kritik konfrontieren.

Vermeide es, dein Kind nur auf seine Diagnose zu reduzieren. Der bessere Weg ist, die Diagnose als Teil der Identität des Kindes anzunehmen und gemeinsam Wege zu finden, wie es mit dieser in so vielen Bereichen wie möglich teilhaben kann.

MIT DER ERKRANKUNG UMGEHEN

Hilf deinem Kind dabei, folgende Fragen zu beantworten, um einen besseren Umgang mit seinen Einschränkungen zu finden:

Bin ich richtig so? Gefühle wie Wut und Frust über die eigene Situation sind okay. Das müssen aber viele Eltern und Kinder erst noch lernen. Deinem Kind zu spiegeln, dass auch negative Gefühle dazu gehören, ist ein erster Schritt in die richtige Richtung.

Sag ihm ganz klar: „Du bist richtig, wie du bist. Wir lieben dich mit allem, was zu dir gehört!" Wenn du das vorlebst, kann dein Kind sich selbst auch viel leichter akzeptieren.

Was kann ich allein machen? Eventuell können bestimmte Sportarten nicht problemlos ausgeübt werden. Klar ist das blöd. Doch vielleicht hilft es deinem Kind, zu überlegen, welche Aktivitäten stattdessen so gut es geht allein gemacht werden können? Eine Liste mit allen Dingen, die Spaß machen, und (im besten Fall sogar ohne fremde Hilfe) möglich sind, erleichtert allen in der Familie einen normalen Umgang.

Wem geht es ähnlich? Was Kindern mit chronischen Erkrankungen und dem damit verbundenen Rattenschwanz helfen kann, sind Gleichgesinnte. Vielleicht kennt ihr jemanden, der Ähnliches durchlebt hat? Oder gibt es seitens der Klinik oder Mediziner*innen Unterstützung, Gruppen mit Familien zu finden, die die gleiche Diagnose haben. Oft können Kinder, die Ähnliches durchmachen, sich besser austauschen, weil sie ihre Gefühle und Probleme nicht in Worte fassen müssen. Das Gegenüber weiß genau, wo das Problem liegt, und vielleicht hat er*sie schon eine Lösung dafür gefunden? Auch für dich ist das hilfreich, denn du kannst dich im Gegenzug mit den Eltern anderer Kinder austauschen und so deinen Gefühlen Luft machen.

Was ist mein Ventil? Frust, Wut oder Ärger über Einschränkungen können noch oft aufkommen, selbst wenn die Krankheit schon zum Alltag gehört. Was hilft deinem Kind in diesen Momenten? Mit kleineren Kindern kann die Wut rausgeschrien oder in ein Kissen geboxt werden. Ältere Kinder und Jugendliche finden vielleicht im Sport oder einem Hobby ihren Ausgleich.

Kindliche Ängste

Das Gefühl der Angst ist ein menschliches Urgefühl. Ängste sind es, die uns vor Jahrtausenden vor Fehlern, falschen Nahrungsmitteln oder wilden Tieren bewahrt haben. Sind uns Dinge fremd, reagieren wir unter anderem mit Angst. Kinder ebenso! Sie drückt sich unterschiedlich aus. Sei es durch Zurückhaltung, Tränen oder laute und körperliche Abwehr: **Kinder müssen in jeder Ausdrucksform ihrer Angst begleitet werden.** Vor allem in den ersten Lebensjahren kann dein Kind seine eigenen Gefühle wie Angst oder Wut noch nicht selbstständig regulieren oder sich selbst beruhigen. Dafür braucht es eine erwachsene Bezugsperson, die es dabei unterstützt.

Während Erwachsene im Zusammenhang mit einer chronischen Erkrankung oft Angst um das Kind an sich und die möglichen Folgen haben, haben Kinder eher Angst vor dem Unbekannten, das vor ihnen liegt, oder davor, ohne ihre Eltern zu sein. Das kann die Behandlung oder Medikation sein, das Zusammenkommen fremder Menschen (Ärzt*innen oder Pfleger*innen), oder die unüberschaubaren Folgen.

Kinder bekommen dann gerne die Rolle des „Angsthasen" zugesprochen. Sie werden belächelt, um ihnen unter falschen Behauptungen Mut zuzusprechen und zu signalisieren, dass ihre Angst unberechtigt ist. Doch ist sie das wirklich? Der Aufforderung, keine Angst zu haben oder kein Angsthase zu sein, liegt ein stummer Vorwurf zugrunde, der dem Kind signalisiert: Ich bin nicht richtig, mein Gefühl ist falsch. Die Wahrheit ist aber, dass auch Erwachsene Angst haben, wenn es um ihre Gesundheit und Behandlungen geht. Nur Erwachsene können mit sich selbst und dem, was um sie herum passiert, besser umgehen. Sie benötigen keine Koregulation der Gefühle mehr, wie es bei Kindern der Fall ist. Ihre Selbstregulation und -reflexion ist weiter entwickelt. Kinder lernen das erst. Und im besten Fall lernen sie es zum einen durch die aktive Begleitung und Feinfühligkeit einer erwachsenen Bezugsperson, also dir. Zum anderen, weil wir es ihnen vorleben und zeigen, wie wir mit unseren Gefühlen umgehen.

Erwachsene wissen, dass eine Injektion kurz pikst und die Flüssigkeit, die durch Schläuche oder Kanülen kommt, ihnen helfen soll. Sie wissen, dass sie nach Operationen wieder aufwachen und was sich dann für sie verändert haben kann. Kinder haben – je nach Alter und Entwicklung– keine Vorstellung davon.

Mit Fürsorge und Aufklärung gegen die Angst

Dem Gefühl der Angst bei deinem Kind sollten du und alle anderen Bezugspersonen folgendermaßen begegnen:

1. Biete deinem Kind Sicherheit, zeige Verständnis und Fürsorge.
2. Vermittle Wissen und lass dein Kind teilhaben.

Sicherheit schaffen und in Verbindung bleiben

Fühlen sich Kinder unsicher, bekommen sie Angst. In normalen Situationen suchen sie dann Sicherheit bei ihren Eltern und ihnen bekannten Bezugspersonen. Sie nehmen deren Hand, suchen Nähe, kuscheln sich an oder Ähnliches. Warum sollte es in Ausnahmesituationen anders sein? In Kliniken, während Behandlungen oder in Arztpraxen ist für Kinder vieles neu, ungewohnt und beängstigend. Geräte, Vorgehen und Menschen kennen sie gerade zu Beginn nicht. Verständlich, dass sie da Nähe und Sicherheit bei ihrer Basis – den Eltern – suchen. Deswegen ist es wichtig, dass du in diesen Situationen besonders verlässlich für dein Kind da bist. Du bist sein sicherer Hafen, seine Konstante. Bei dir findet dein Kind Sicherheit, Ruhe und Zuwendung. Diese Konstante sollte in allen nun kommenden Momenten da sein, sodass dein Kind niemals das Gefühl bekommt, es sei mit seiner Angst und in der unbekannten Situation allein. Das lässt sich auch schwer auf ein Alter eingrenzen, da das Gefühl der

Angst sowohl bei Kleinkindern als auch Jugendlichen vorherrschen kann, wenn sie einen neuen Weg mit ihrer chronischen Erkrankung beschreiten.

> *Wir sind von Anfang an offen und absolut kooperativ mit unserem Sohn umgegangen. Aber er musste sich erst einmal sammeln und war oft gedanklich abwesend. Seine Welt drehte sich ja nun anders. Den Raum haben wir ihm immer gegeben.*
> ▶ *Tanja, Sohn hat Diabetes Mellitus Typ 1*

Diese Konstante zu sein, ist anstrengend. Denn du bist nicht nur zeitlich und organisatorisch damit beschäftigt, so viel wie möglich bei deinem Kind zu sein. Es ist auch anstrengend und kräftezehrend, bei jeder Untersuchung und Behandlung dabei zu sein, die Emotionen aufzufangen und im Zweifel jedes Mal mit dem Kind kämpfen zu müssen, dass Blutentnahmen oder andere Untersuchungen klappen. Deswegen ist es gut, wenn dein Kind mehrere sichere Bezugspersonen hat, die sich abwechseln können. Oft erleben die verschiedenen Personen einzelne Untersuchungen auch anders, weil das Kind in ihrem Beisein ganz individuell reagiert.

Eventuell erwartet dein Kind auch von dir, dass du es vor dem „Leid“, zum Beispiel einer Injektion, beschützt. Lass diesen Eindruck nicht entstehen, da in diesem Fall die Sicherheit und Gesundheit des Kindes vorgehen. Das kann mitunter schwierig sein, weil hier auch das Berücksichtigen der kindlichen Bedürfnisse Grenzen hat. Es geht also vielmehr darum, dem Kind zu vermitteln, wie wichtig die beängstigenden Untersuchungen sind, und diese mit ihm gemeinsam durchzustehen. Die Herausforderung für dich und die Ärzt*innen ist es, nicht übergriffig zu sein. Kooperatives Vorgehen ist bei lebensnotwendigen Eingriffen und Behandlungen nicht leicht – im Gegenteil.

Doch nur, weil es gerade nicht einfach ist, heißt es nicht, dass darauf verzichtet werden soll.

DER ANGST EIN GESICHT GEBEN

Suche zusammen mit deinem Kind die Angst im Körper. Wo spürt dein Kind seine Angst? Wie macht sich die Angst bemerkbar? Malt zusammen ein Angstmonster und versucht, der Angst so eine Gestalt zu geben. Vielleicht sieht die Angst auch jedes Mal anders aus.

Wenn ihr merkt, dass die Angst kommt, geh darauf ein: „Guck mal, jetzt ist dein Angstmonster wieder da. Was braucht es denn gerade?"

Überlegt gemeinsam, wie ihr das Angstmonster beruhigen könnt. „Guck, dein Angstmonster hat Angst. Wir kümmern uns darum. Es ist okay, dass es Angst hat und wir sind für es da!" Hilft eine Umarmung? Hilft Kuscheln oder Kraulen? Möchte das Angstmonster eine Geschichte hören? Zeig deinem Kind, dass Angst kein falsches Gefühl ist und sich beruhigt, wenn ihr euch darum kümmert.

Ab dem 6. Lebensjahr könnt ihr auch darüber reden, warum das Angstmonster da ist, was es hervorgelockt hat und wofür es gut ist. Vorher können Kinder kausale Zusammenhänge noch nicht immer durchschauen.

Wissen

Um die Notwendigkeit der Eingriffe und Untersuchungen zu verstehen und damit auch die Kooperation des Kindes zu verstärken, hilft es, Ängsten mit Wissen zu begegnen. Je mehr dein Kind versteht, was mit ihm passiert, was seine chronische Erkrankung bedeutet und wie es sich selbst auch am besten helfen (lassen) kann, umso eher bauen sich Ängste ab. Es ist also wichtig, dass du und die Ärzt*innen dein Kind miteinbezieht und so gut es geht altersgerecht aufklärt.

> *Da Hannah von der OP als Baby eine lange Narbe auf ihrem Brustkorb hat, kam natürlich irgendwann die Frage, woher diese stammt. Wir haben ihr das immer sehr offen erklärt, dass sie ein krankes Herz hat und deswegen schon operiert wurde. Anfangs sehr oberflächlich und kindgerecht, als sie etwas älter wurde dann auch spezifischer. Sie weiß auch genau, dass sie bestimmte Dinge nicht machen darf.*
>
> ▶ *Jessika, Tochter hat eine Pulmonalatresie und ein hypoplastisches Rechtsherzsyndrom sowie eine Mitralklappeninsuffizienz*

Es ist verständlich, dass dein Kind die vielen Veränderungen in seinem Leben als potenzielle Gefahrenquellen ansieht. Die Angst davor kann es nur abbauen, indem es sich diesen annähert, sie versteht und auch hinterfragen kann. Nicht nur du vermittelst das notwendige Wissen, sondern auch das Fachpersonal. Lass dein Kind fragen, egal wie kindisch die Frage auch sein mag. Viele Ärzt*innen haben Erfahrungen mit kindlicher Neugier und auch Ängsten. Im besten Fall haben sie schon Strategien entwickelt und Antworten parat, denn ihre oberste Prämisse sollte sein, eine Beziehung zu den kleinen Patient*innen aufzubauen. Viele Ärzt*innen beziehen die Kinder zum Beispiel aktiv in Behandlungsprozesse mit ein. Vielleicht gibt es ein Kuscheltier, das zuerst behandelt und untersucht werden muss? Dein Kind kann dabei zuschauen oder sogar selbst mitmachen und so die medizinischen Geräte kennenlernen. Vielleicht hilft es allen Beteiligten auch, ein gemeinsames Mantra wie „Ich schaffe dass, damit es mir besser geht“ aufzusagen oder Mutmachperlen auf einer Kette zu sammeln, für jede Etappe oder Untersuchung, die das Kind gemeistert hat.

Bei der Erstdiagnose haben wir ihm erklärt, dass sein Blut krank ist. Dass da kleine Monsterchen drin sind, die machen, dass es ihm so schlecht geht und dass er deswegen Chemoritter bekommt, die die Monster kaputt machen. Und weil die Chemoritter aber so stark und wild sind, machen die leider auch viele gesunde Sachen im Körper kaputt und dadurch verliert man zum Beispiel seine Haare oder einem ist schlecht oder man hat Schmerzen. Mittlerweile ist er extrem aufgeklärt über sämtliche verschiedenen Blutzellen und was mit ihm passiert.

▸ *Josefine, Kinder haben lymphoblastische Leukämie sowie ADHS und Asthma*

Die gefürchtete Frage

„Mama, muss ich sterben?“ Nicht bei allen Diagnosen steht diese Frage im Raum, denn eine chronische Erkrankung bedeutet nicht immer, dass das Kind sterben muss. Doch Kinder haben weit feinere Antennen, als ihnen oft unterstellt wird. Sie fassen Sorgen, Gespräche und sogar Tonlagen in einer Weise auf, die wir als Eltern nicht einschätzen können. Gerade in der ersten Zeit nach der Diagnose überwiegen Unsicherheiten im Umfeld und Eltern und Angehörige machen sich Sorgen über das, was kommt. Nicht selten können Kinder das als lebensbedrohlich wahrnehmen. Kinder verbalisieren ihre eigene Unsicherheit: „Muss ich sterben?“ Die Frage muss nicht kommen. Aber dennoch ist es wichtig, dass du darauf vorbereitet bist. Sei aber darauf gefasst, dass sie dich trotzdem tief treffen wird. Denn sie benennt eine Urangst aller Eltern und niemand möchte jemals darüber nachdenken. Umso wichtiger ist es, in diesem Moment deine Emotionen so gut eben möglich unter Kontrolle zu haben. Denn wie gesagt: Die Antennen der Kinder sind sehr feinfühlig. Steht die

Möglichkeit, dass dein Kind sterben könnte, (auch nur entfernt) im Raum, solltest du die Frage vorab auch mit psychologischem Fachpersonal besprechen. Viele Kliniken und Fachstationen haben eine psychologische Betreuung für Familien in Krisensituationen. Ihre Erfahrung und auch ihr Fachwissen können helfen, die richtigen Worte zu finden. Es ist ein Zeichen für den vertrauensvollen Umgang miteinander in der Familie, wenn du die Frage nicht abtust, sondern auch überlegst, wie dein Kind darauf kommt. Die Ursache ist nicht immer leicht zu finden: Dein Kind hat beispielsweise ein Arztgespräch aufgeschnappt, bei dem es aber um eine*n andere*n Patient*in ging, oder ein Todesfall in eurer Familie hat es erst auf den Gedanken gebracht. Kinder können das manchmal nicht differenzieren und nutzen die Frage eher als Ventil, um alle angestauten Sorgen, Fragen und Emotionen rauszulassen. Weichst du beim Antworten aus, entsteht beim Kind eher der Eindruck, dass es nicht ernst genommen oder angelogen wird. Das schädigt das Vertrauen zueinander, welches gerade jetzt essenziell ist für das gemeinsame Leben. Sind die Prognosen und Behandlungen zu unklar, kannst du aber auch „Ich weiß es nicht" antworten, wenn dem denn so ist. Denn die Behandlung eines chronisch kranken Kindes ist Teamwork. Niemand weiß alles. Sucht gemeinsam das Gespräch mit passenden Psycholog*innen oder Fachärzt*innen.

Dem Kind Sicherheit geben

Wenn sich im Außen viele Dinge ändern, neue Menschen dazu kommen und auch einiges passiert, was deinem Kind Angst macht, bist du als Mama oder Papa eine der Konstanten in seinem Leben. Egal wo, ob zu Hause oder in der Klinik, bei dir fühlt sich dein Kind sicher und geborgen. Dieses Gefühl ist wertvoll und sollte stets von euch bewahrt werden. Denn für Kinder sind ihre Eltern und andere nahe Bezugspersonen die Menschen im Leben, bei denen sie sich nicht nur sicher, sondern auch geborgen und beschützt fühlen können. Eine deiner Funktionen, die du in der kommenden Zeit nicht unterschätzen solltest. Denn bei dir können vor allem kleine Kinder Kraft tanken, ihre Akkus aufladen und ihre Gefühle rauslassen, weil sie wissen, du bist da.

Die Eltern-Kind-Bindung als Basis

Die Eltern-Kind-Bindung und die Bedürfnisse chronisch kranker Kinder unterscheiden sich nicht von denen gesunder Kinder und ihrer Familie. Nach der Bindungstheorie (nach Bowlby) entsteht Bindung, wenn das Kind eine sichere Basis erlebt, durch die verlässliche und gute Versorgung durch Eltern oder andere Bezugspersonen. Diese sichere Basis vermittelt dem Kind Schutz, Liebe und Sicherheit. Es möchte umsorgt und beschützt und in seinen Bedürfnissen wahrgenommen werden. Dabei geht es nicht nur um die körperlichen Grundbedürfnisse wie Nahrung, Wärme und Schlaf, sondern darüber hinaus auch um psychische Bedürfnisse wie zum Beispiel Orientierung, Kontrolle und Bindung. Je eher die Bedürfnisse der Kinder erfüllt werden – abhängig vom Alter – desto sicherer ist die Bindung zwischen ihnen und ihren Eltern beziehungsweise anderen nahen Bezugspersonen.

Kinder brauchen nicht nur Sicherheit und Zugehörigkeit, sie wollen erst Recht als gleichwertiges Familienmitglied behandelt werden und ihre Bedürfnisse erfüllt wissen. Dazu zählt auch der Wunsch nach Anerkennung und Autonomie im Umgang mit der Krankheit.

Eine der großen Herausforderungen im Leben mit einem chronisch kranken Kind ist es deshalb, – trotz aller Sorgen – Autonomie und Selbstwirksamkeit zuzulassen. Es hilft nicht, die Kinder in Watte zu packen und die eigenen Ängste permanent zu äußern. Auch wenn alle Beteiligten das nur gut meinen und dem Kind damit helfen möchten, darf diese Sorge nicht euer Familienleben dominieren. Was chronisch kranke Kinder neben all den Veränderungen in ihrem Leben für eine gute Bindung brauchen, ist Sicherheit in ihrem Umfeld. Dazu gehört auch ein sicherer Ort, an dem sie ganz sie selbst sein können und an dem sich möglichst wenig verändert, wie zum Beispiel ihr Zuhause. Sie sollen vor allem dort und in ihrer Familie als der Mensch gesehen werden, der sie sind, und sich als vollwertige Person innerhalb der Familie fühlen. Nimmt die Erkrankung einen zu großen Raum ein oder wird das Kind sogar auf seine Krankheit reduziert, beeinträchtigt das die Bindung zwischen Eltern und Kind, weil Kinder sich nicht gesehen fühlen und ihnen ihr Rückzugsort fehlt. Eine wichtige Aufgabe für dich, eure Familie und Freund*innen ist es also, dein Kind anzuerkennen, wie es ist, und dadurch Sicherheit zu geben. Mit all seinen Gefühlen, Gedanken aber auch Handlungen. So fühlt sich das Kind wertvoll, ungeachtet seiner „Einschränkung".

Die Krankheit deines Kindes ist nur ein kleiner Teil seiner Persönlichkeit. Sie kann schwer sein, die Behandlung kann aufwendig sein. Aber sie ist nicht alles, was dein Kind ausmacht! Behalte den Blick auf dein Kind als Mensch.

Eine starke Belastung für die Bindung zwischen dir und deinem chronisch kranken Kind sind die Strapazen, die auf euch zukommen. Für dich vor allem auf psychischer Ebene, für dein Kind zusätzlich auf körperlicher Ebene. Du möchtest (verständlicherweise) den Schmerz und das Leid von deinem Kind fernhalten. Dieser Schutzmechanismus ist ein Urinstinkt, der nun herausgefordert wird. Denn deine eigentliche Aufgabe ist es, dass dein Kind überlebt. Aber sind wir ehrlich: Wir können unseren Kindern wenig von dem ersparen, was sie durchmachen müssen. Unsere Liebe nimmt den Kindern keinen

Schmerz, so sehr wir uns das wünschen. Was wir aber tun können: Wir können da sein. **Es ist und bleibt unser roter Faden: Dasein, Nähe schaffen und Gefühle zulassen.** Dieser Baustein ist auch für die Bindung grundlegend, denn wenn Kinder sich wahrgenommen und gesehen fühlen, wächst ihr Vertrauen in uns.

Wir neigen dazu, die Schmerzen und Entbehrungen unserer kranken Kinder wiedergutmachen zu wollen. Wir möchten unserem Kind alle Wünsche erfüllen und, da diese oft materieller Art sind, neigen wir dazu, dem Kind (nahezu) alles zu kaufen. Das geht auch Angehörigen so. Diese Flut an Geschenken ist jedoch kein Ersatz für eine sichere Bindung und macht medizinische Eingriffe nicht ungeschehen. Im Gegenteil, sie kann das falsche Signal geben. Dabei geht es weniger um ein Mehr an Süßigkeiten, um das schlechte Krankenhausessen auszugleichen, oder eine bunte Kinderzeitschrift mehr gegen die Langeweile im Wartezimmer. Es geht um ein Übermaß an Spielsachen und Entertainment. Verbindet dein Kind seine Krankheit mit Konsum, geht ihm die Sicherheit verloren.

Belohnen ist das Gegenteil von Beziehung. Es ist eine Form der Manipulation. Und dein Kind merkt recht schnell, dass das nicht echt ist. Es ist eine Art Bestechungsversuch. Das spürt dein Kind.
▶ Martina Stotz, Doktorin der Psychologie

Statt also nach erfolgreicher Blutabnahme oder Infusion dem Kind ein weiteres Spiel für die Spielekonsole zu schenken, sind Aktivitäten sinnvoll, die in die direkte Bindung zwischen Eltern und Kind investieren. Je nach Alter kann das Vorlesen mit Kuscheln, ein gemeinsames Spiel oder auch ein Filmnachmittag bei Popcorn und Cola sein. Diese kleinen Rituale nehmen die Spannung aus der Situation, schaffen Nähe und zeigen dem Kind, dass es ganz normale Dinge macht, wie andere Kinder auch. Zumal Konsum das Gefühl nach Nähe oder Aufmerksamkeit nur sehr kurz befriedigt und dein Kind dann relativ schnell einen neuen Impuls benötigt.

Die Verantwortung des Kindes gegenüber den Eltern

Auf den ersten Blick könnte man meinen, dass Kindern gegenüber ihren Eltern keine Verantwortung tragen (müssen). Das ist theoretisch richtig, aber in der Realität fühlen sich Kinder auch für ihre Eltern verantwortlich, unabhängig davon, ob wir als Eltern das überhaupt wünschen beziehungsweise für nötig halten. Doch gerade in dieser besonderen und oft angespannten Situation nehmen Kinder wahr, dass sie die Ursache für die vielen Sorgen und Ängste ihrer Eltern sind.

Dieses Verantwortungsgefühl kann sich unterschiedlich zeigen: Dein Kind wird besonders ruhig, um nicht noch mehr „Aufsehen" zu erregen. Es kann Dinge verheimlichen oder über mögliche Schmerzen nicht sprechen, um die Sorgen nicht zu verstärken. Es fühlt sich als Belastung für die Familie. Dein Kind kann seine Wahrnehmung aber auch in lautem und impulsivem Verhalten kompensieren oder körperlich werden. Vor allem kleine Kinder, die ihre Gefühle und Wahrnehmung noch nicht in Worte fassen können, zeigen das, was sie unbewusst bei dir wahrnehmen: Sie spiegeln dich. Das bedeutet, dass sie deine Gefühle wie Angst oder Nervosität während der Behandlung nachahmen. Nur anders als Erwachsene, die diese Emotionen unterdrücken oder nicht einmal bewusst wahrnehmen, lassen Kinder sie ungefiltert raus, indem sie weinen, laut werden oder aufgeregt sind. Kindliche Kooperation kann aber auch bedeuten, dass sie komplett ruhig werden, um den besorgten und nervösen Eltern zu helfen. Die

Bandbreite ist vielfältig und vor allem mit zunehmendem Alter der Kinder wird die Reaktion auf die versteckten Emotionen der Eltern bewusster. Sie können ihre Gefühle in Worte fassen.

Wie aber kannst du deinem Kind dieses Verantwortungsgefühl abnehmen und Konflikte verringern? Je älter das Kind ist, umso eher helfen klärende Gespräche. Was nimmt dein Kind wahr? Warum glaubt es, dass es sich in manchen Situationen so verhält, wie es sich verhalten hat? Was braucht dein Kind?

Manchmal können auch Missverständnisse oder falsche Annahmen euer Miteinander stören. Kinder können Dinge spüren oder wahrnehmen, die nicht komplett der Realität entsprechen. Auch Sorgen und Ängste haben Nuancen. Es ist also wichtig, dass du deine Emotionen in Worte fasst. Oft lösen sich dann Blockaden in der Beziehung, weil dein Kind merkt, dass es etwas falsch aufgefasst hat. Diese Gespräche zeigen deinem Kind auch, wie es selbst seine Gefühle in Worte fassen kann und was Auslöser für diese sein können: „Ich habe mir Sorgen gemacht, weil der Arzt nicht wie besprochen am Morgen vorbei kam, sondern erst mittags da war.“ Nicht nur du interessierst dich für die Emotionen deines Kindes, sondern auch andersherum. Natürlich muss auch hier unterschieden werden, wie alt das Kind ist. Aber auch mit einem kleinen Kind kannst du darüber sprechen – altersgerecht. Es gibt zahlreiche Kinderbücher, in denen es um die Gefühle Angst, Mut und Sorge geht. Sie zeigen Zugänge zu dem Thema und liefern viele Vergleiche und Ansätze für Gespräche.

FÜR NORMALITÄT SORGEN

Damit dein Kind sich nicht für dein Wohlergehen verantwortlich fühlt, sollte es im neuen Alltag auch genügend Situationen geben, die unbeschwert sind. Lachen, Albern, Toben und Spielen sind Teil der kindlichen Persönlichkeit und des Familienlebens und sollten deswegen gefördert werden. Wenn du dabei mitmachst, hebt das nicht nur die eigene Laune. Es zeigt dem Kind auch ein Stück Normalität.

Auch wenn sich „Normalität" für dich als Elternteil wohl gerade weit entfernt anfühlt, solltest du dir trotzdem auch eigene kleine Inseln lassen, auf denen du dich um dich selbst kümmerst. Das mag surreal klingen und unpassend wirken, aber am Ende ist es nicht nur Zeit, die du in deine eigene Kraft und dein Wohlbefinden investierst. Es ist auch das Signal an dein Kind: Ich kümmere mich um mich, das brauchst du nicht tun.

Überlastete Eltern ohne Kraft und Energie können langfristig nicht optimal für ihre Familie sorgen. Die Überlastung spüren Kinder und versuchen, für ihre Eltern Verantwortung zu übernehmen und sich um ihr Wohl zu kümmern. Um deinem Kind diese (zusätzliche) Verantwortung für dich abzunehmen, sollte es spüren: Mama oder Papa passen nicht nur auf mich auf, sondern auch gut auf sich.

Der neue Alltag

Steht der Fahrplan der Behandlung für dein Kind fest, fallen dir sicher viele Steine vom Herzen. Denn jetzt geht es nicht mehr „nur" darum, die Diagnose zu verdauen, sondern es wird wirklich etwas für dein Kind getan. Viele Eltern sind erleichtert, denn die Zeit zwischen Diagnose und Behandlungsbeginn zieht sich oft wie Kaugummi.

Aber auch wenn Eltern meist froh sind, wenn es konkreter wird – Medikamente müssen verabreicht, Therapien durchgeführt werden – ist das für alle ein starker Einschnitt. Du musst das, im schlimmsten Fall gegen den Willen deines Kindes, durchsetzen. Wenn dein Kind sich wehrt, sich verweigert, reagiere mit Verständnis und versuche, seine Ängste zu verstehen. Lass nicht zu, dass dadurch eine Mauer zwischen dir und deinem Kind entsteht. Reduziere es nicht nur auf die Behandlung. Diese Gratwanderung ist schwer, aber ihr schafft das, wenn ihr eure Bedürfnisse wahr- und ernst nehmt.

Rituale geben Sicherheit

Um Kindern mit chronischer Erkrankung Sicherheit und Normalität zu geben ist Eines besonders wichtig: Der Alltag des Kindes soll möglichst normal weitergehen.

Das ist nicht einfach, denn mit Beginn der Pflege, Behandlung und Fürsorge für dein krankes Kind wird euer Familienleben wieder ordentlich durchgerüttelt. Das kann alle verunsichern, denn es trifft auch Geschwister, Freund*innen und andere Familienmitglieder. Es ist wichtig, dass es trotz Behandlung und Pflege Dinge im Leben deines Kindes gibt, die davon möglichst unangetastet bleiben. Dazu gehören gemeinsame Rituale, die es vor der Diagnose schon gab. Sofern sie weiter machbar sind, spricht nichts dagegen, sie beizubehalten. Der Film- oder Spieleabend am Wochenende, das gemeinsame Pizzabacken oder die Fahrradausflüge im Urlaub können nach wie vor stattfinden, wenn sie mit der Behandlung und dem Zustand des Kindes vereinbar sind.

DER NEUE ALLTAG

Manches kann nicht mehr so bleiben wie zuvor. So kann zum Beispiel ein Kind mit einer chronischen Lungenerkrankung lange Ausflüge und ausdauernde sportliche Betätigungen nicht mehr durchführen. Aber gibt es vielleicht eine Alternative?

- Setzt euch zusammen und macht eine Liste mit Dingen, die allen Freude machen und die die alten Rituale ersetzen können. Was macht außer einer Fahrradtour noch Spaß? Welche Sportarten sind weiterhin möglich und wie lassen sie sich umsetzen? Schon die Planung von neuen Familienritualen kann Spaß machen und vor allem die Vorfreude wecken.
- Bestimmte Nahrungsmittel sind nicht mehr uneingeschränkt möglich? Sucht zusammen Alternativen und Rezepte und setzt diese gemeinsam um. Oder geht zusammen auf die Suche nach einem Restaurant, wo ein Großteil der Karte kompatibel mit dem Diätplan ist. Seht euch als geheime Restaurantkritiker*innen und vergebt in eurem internen Restaurant-Journal Sterne für Geschmack und Vielfältigkeit.
- Die Konzentration lässt aufgrund der aktuellen Behandlung nach und dein Kind ist schnell müde? Überlege dir kurze Aktivitäten, die ihr gemeinsam genießen könnt. Es muss keine langwierige Runde Monopoly sein, deren Ende selten jemand wach erlebt. Es gibt genügend Brettspiele, Konsolenspiele oder Bücher, die ihr Stück für Stück lesen oder spielen und immer dann unterbrechen könnt, wenn dein Kind keine Kraft mehr hat.

Mit Alltag sind aber nicht nur schöne Rituale und Ausflüge gemeint. Unter Alltag in einer Familie versteht man auch das generelle Zusammenleben, das Miteinander und die Erziehung. Gerade bei kranken Kindern neigen viele Eltern und auch Verwandte dazu, den Kindern Frustration ersparen zu wollen und sie zu „belohnen“, da sie es mit ihrer Diagnose schon schwer genug haben. Sie ermahnen seltener und sprechen Probleme nicht an. Oft bekommen Kinder mit chronischen Erkrankungen in der Familie eine Sonderstellung – und das meist unbewusst. Das ist nicht nur schädlich für die generelle Stimmung in der Familie, vor allem zwischen Geschwistern. Auch das kranke Kind nimmt diese Position wahr. Es merkt, dass es aufgrund seiner Diagnose nicht mehr wie alle anderen behandelt wird. Aber ist es denn nicht schön, bevorzugt behandelt zu werden? Nein! Gerade chronisch kranke Kinder streben nach Normalität und Gleichwertigkeit. Der Ausgleich über Geschenke, ausbleibende Konflikte oder übertriebene Aufmerksamkeit kommt bei deinem Kind selten gut an. Es ist vielmehr noch ein weiterer Bereich, der nicht mehr so ist „wie früher“. Rücksichtnahme ist im Rahmen von körperlichen oder geistigen Einschränkungen unerlässlich. Trotzdem sollte das so normal wie möglich in den Alltag zu Hause eingebaut werden. Niemand möchte gerne in Watte gepackt werden. Kinder merken das recht schnell und ziehen ihre eigenen Schlüsse daraus.

Meine Tochter weiß immer, wo wir hinfahren und was wir machen. Wir fingen früh an, sie einzubeziehen und aufzuklären. Wir haben ihr immer erklärt, was auf sie zukommt. Sie sollte wissen, was passiert. Sonst fühlte es sich an, als würden wir sie hintergehen. Damit sie mir vertraut, muss ich ehrlich mit ihr sein. Egal, was ist

▶ *Katharina, Tochter hat Tuberöse Sklerose*

Nähe und Verlässlichkeit schaffen Vertrauen

Im Alltag und zu Hause braucht es verlässliche Normalität und Nähe innerhalb der Familie – auch in Bezug auf die medizinische Versorgung, die von nun an über einen längeren Zeitraum oder sogar immer Teil des Familienlebens sein kann.

Doch es kann dauern, bis dein Kind sich ohne Probleme und Diskussionen untersuchen, spritzen oder behandeln lässt. Denn damit gehen zunächst Angst, Unsicherheit und das Gefühl von Kontrollverlust einher. Vor allem für Eltern, die mit ihren Kindern bindungsorientiert zusammenleben, kann das schwierig werden. Wie kann eine medizinische Behandlung auf Augenhöhe und freiwillig ablaufen, wenn sich das Kind dagegen mit Händen, Füßen und lauthals wehrt? Was kannst du tun, wenn dein Kind sich mit allen Kräften gegen eine Behandlung stemmt, die lebenswichtig ist und wahrscheinlich häufig durchgeführt werden muss? Unabhängig davon, ob diese Behandlung in der Klinik oder zu Hause durchgeführt wird.

Es ist fürs Erste okay, das Kind festzuhalten. Das ist eine Form von schützender Gewalt, die in dem Moment eingesetzt werden darf. Es ist Fürsorgepflicht. Ab einem gewissen Punkt kann man nicht abwarten, bis das Kind bereit ist. Denn es geht um das Leben des Kindes.

▶ Martina Stotz, Doktorin der Psychologie

Doch diese Haltung darf kein Alltag in der medizinischen Versorgung werden. Denn es darf nicht die einzige Option sein, das Kind festzuhalten. Es geht hier nur um eine Akutsituation. Langfristig müssen Eltern anders mit ihrem Kind zusammenarbeiten, um die Behandlung auf sichere Beine zu stellen und gemeinsam zu handeln.

Sei dir bewusst, dass du dein Kind nicht vor allem schützen kannst. Weder vor einer Diagnose, noch vor der Behandlung und den damit einhergehenden Schritten. Aber du kannst den Schmerz für dein Kind erträglicher machen, indem du ihm beistehst und an seiner Seite bleibst. Präsenz ist in diesem Moment unerlässlich. Du kannst den Schmerz deines Kindes (leider) nicht beseitigen, aber ihr könnt ihn zusammen miteinander durchstehen. Leugnen oder wegschieben nützt nichts. Dein Kind würde es merken und dir später weniger Glauben schenken. Die Begleitung während der Behandlung und mitfühlende und aufrichtige Gesellschaft ist das, was du in diesem Moment leisten kannst. Das macht es erträglicher, auch für dich als Mama oder Papa.

Wir mussten jeden Tag Blut abnehmen, um bestimmte Werte zu bestimmen und neue Zugänge für Medikamente zu haben. Es war immer ein Drama, sodass ich schon morgens Angst vor dem Moment am Nachmittag hatte. Das spürte mein Kind. Als mein Mann mich nach fünf Tagen ablöste, habe ich ihm das überlassen. Er ging mit unserer Tochter ins Behandlungszimmer und es lief super. Sie weinte nicht, war tapfer und danach unheimlich stolz. Jetzt weiß ich, dass meine innere Panik auf sie abfärbte, aber damals dachte ich mir nur: „Ich kämpfe seit Tagen und mein Mann erntet die Lorbeeren?"

▶ Peggy, Sohn hat Multiple Sklerose

Was Eltern unterschätzen, ist, dass ihre eigene Einstellung und Gefühle Einfluss auf das Verhalten des Kindes haben. Wie sicher fühlen sie sich gerade ihrem Kind gegenüber? Kinder überprüfen ihre Eltern unbewusst dahingehend, ob eine Gefahr besteht oder nicht. Spüren sie seitens der Eltern eine Anspannung oder Stress, übernehmen sie diesen. Es ist also wichtig, dass du verinnerlichst, dass die Behandlung genau das Richtige für dein Kind ist. Wenn du das in Mimik, Gestik und Stimme ausstrahlst, fühlt sich auch dein Kind sicherer. Begleite dein Kind möglichst nah bei allen Behandlungsschritten. Das gibt ihm Sicherheit.

KINDER IN IHREM SCHMERZ BEGLEITEN

Auch wenn du dein Kind zum Beispiel während einer Injektion oder Blutabnahme festhalten musst, kannst du es in seinem Schmerz und Ärger begleiten. Sei ehrlich: „Ich weiß, du willst das gerade nicht. Ich sehe, dass du das doof findest. Aber es ist wichtig für dich, deswegen machen wir das. Ich sehe dich und deinen Ärger!" Das Kind merkt, dass seine Gefühle nicht falsch sind und dass es nicht allein ist.

Während der Behandlung kann dein Kind nicht zu viele Informationen aufnehmen, es ist vollauf damit beschäftigt, die Situation zu meistern. Geh lieber danach noch einmal auf alles ein: „Ja, ich habe gesehen, dass du dich erschrocken hast. Ich wollte dich nicht festhalten. Und dann hattest du Angst vor dem Piks."

Wenn du mit deinem Kind darüber redest, dass diese Situation doof war, und klarstellst, dass es eine Notsituation war, kann es sie besser einordnen. Schaut zusammen, was dein Kind braucht, um auch zukünftige Behandlungen besser zu meistern. „Schau mal, wir wollen ja auch nicht festhalten, meinst du nicht, wir schaffen es beim nächsten Mal anders? Was könnte dir helfen? Wovor genau hast du Angst?"

Vielen Kindern hilft ein Kuscheltier im Arm oder eines, das vorher von dem*der Ärzt*in genauso behandelt wird wie das Kind im Anschluss. Wenn es konkret um Injektionen und Blutentnahmen geht, haben Kinderärzt*innen auch „Zauberpflaster", welche die

Haut oberflächlich betäuben, sodass Kinder nicht einmal den Piks spüren. Das nimmt zumindest die erste Angst vor dem Schmerz. Die Abläufe und das Vorgehen müssen natürlich trotzdem im Vorfeld mit dem Kind besprochen werden!

Partizipation stärkt

Wir erinnern uns: Für Kinder ist es im Umgang mit ihrer chronischen Erkrankung wichtig, die Diagnose zu verstehen und zu akzeptieren, sich sicher in ihrem Umfeld zu fühlen und die Veränderungen in ihrem Leben ab einem gewissen Punkt anzuerkennen. Ein weiterer wesentlicher Baustein im neuen Alltag ist auch Teilhabe. Denn Selbstbestimmung ist nicht nur für erwachsene Patient*innen wichtig, auch Kinder sollten – in altersgerechtem Rahmen – partizipieren dürfen. Wie können Kinder also in Entscheidungen miteingebunden werden? Wie kann Selbstbestimmung im medizinischen Kontext für chronisch kranke Kinder aussehen? Und wo gibt es Grenzen?

Nicht nur in der medizinischen Behandlung kann die aktive Teilhabe von Kindern positive Effekte haben. Generell gilt, dass Kinder und Jugendliche umso mehr lernen, ihre Persönlichkeit stärken und Selbstvertrauen entwickeln, je aktiver sie selbst an Prozessen beteiligt sind. Beim Gedanken der Teilhabe von Kindern geht es aber nicht nur darum, dass Kinder aktiv mitmachen oder gestalten können. Sondern sie sollen auch mitentscheiden dürfen. Nun liegt die Vermutung nahe, dass Kinder weitreichende medizinische Entscheidungen nicht einfach selbst treffen können. Das ist richtig und auch Jugendlichen sollten Entscheidungen dieser Art nicht ohne weiteres überlassen werden. Doch auch hier ist es eine Frage der Gestaltung und auch der Tiefe der Informationen, die Kinder und Jugendliche brauchen. Geht es zum Beispiel um eine wichtige Operation, ist klar, dass Kinder und

Jugendliche wenig Mitspracherecht haben sollten. Hier obliegt die Verantwortung den Eltern und Ärzt*innen des zu behandelnden Kindes. Aber ist die Zustimmung oder Ablehnung einer OP das Einzige, was es zu entscheiden gilt? Es mag kleinlich und kindisch wirken, aber wie wäre es, wenn dein Kind entscheiden darf, an welcher sinnvollen Stelle es seinen Zugang haben will, welches Kuscheltier mit in den OP darf und ob du bis zur Narkose dabei bleiben sollst oder schon vorher an der Tür gehen kannst. Nicht alle Entscheidungen sind medizinisch relevant, aber sie lassen dein Kind abhängig vom Alter und der jeweiligen Kompetenz an einem Prozess teilhaben, der für seine Gesundheit wichtig ist.

Unsere Tochter konnte im Krankenhaus ihren gemessenen Blutzuckerspiegel ablesen und in eine Tabelle eintragen. Sie hat es recht schnell als ihre Aufgabe angesehen und sich selbstverständlich „piksen" lassen, um dann ihren Job zu machen. So hat sie schnell die Angst vor ihrer Krankheit verloren.

▶ *Andreas, Tochter hat Diabetes Mellitus Typ 1*

Als Elternteil kannst du die Teilhabe deines Kindes unterstützen und auch Vorschläge im Dialog mit Mediziner*innen machen. Oft werden Kinder einfach nicht gefragt und das Gespräch und die Entscheidungen über ihren Kopf an die Erwachsenen im Raum gerichtet. Sie können stattdessen dem Kind zum Beispiel folgende Fragen stellen:

- Möchtest du noch etwas dazu wissen?
- Hast du einen Wunsch für die Behandlung?
- Was können wir noch machen, damit es dir leichter/besser/einfacher fällt?

Die Frage, ob dein Kind mit der Behandlung oder einem Eingriff einverstanden ist, solltest du nicht stellen. Natürlich würden Kinder immer lieber ablehnen. Dabei geht es aber selten um den Vorgang an sich, sondern eher um die Bedingungen desselben, wie zum Beispiel eine Injektion oder eine Narkose, die ihnen Angst machen. Die Ablehnung seitens des Kindes kann von Angst und Verunsicherung ob der zu erwartenden Schmerzen geprägt sein. Auch wenn Kinder sich bis zu einem gewissen Alter nicht gegen die Behandlung oder Operation aussprechen können, die Gefühle sind da. Teilhabe sollte also auch bedeuten, dem Kind diese Sorgen zu nehmen. Unter immer enger werdenden Zeit- und Budgetplänen der Krankenhäuser eine schier unlösbare Aufgabe, für die im Klinikalltag selten Platz ist. Sammelt deshalb gemeinsam im Vorfeld einer Aufklärung schon Fragen oder Wünsche und beantwortet die oben genannten Fragen vorab. So könnt ihr den Ärzt*innen schon mit einem Plan begegnen und zusammen schauen, was möglich ist. Je früher dein Kind an Entscheidungsprozessen teilhaben kann und wirklich selbst mitentscheiden darf, desto früher kann es seine Gefühle in Worte fassen. Kinder spüren, dass ihre Worte Gewicht haben und die Erwachsenen nicht alles über ihren Kopf hinweg entscheiden und festlegen. Auch wenn die Einflüsse subjektiv klein zu sein scheinen, so haben sie doch einen großen Einfluss auf das Kind. Denn nicht immer haben Erwachsene alle Belange und Sorgen des zu behandelnden Kindes im Blick. Oft ist der Grund dafür einfach: Sie haben das Kind nicht danach gefragt.

Unserem Sohn wurde jeden Tag Blut abgenommen, um die Entzündungswerte nach einer Komplikation zu messen. Das musste gemacht werden, da galt sein „Nein“ nicht. Aber er durfte entscheiden, welcher der Ärzte vor Ort Blut abnimmt, wo er sitzen möchte und welches Pflaster er danach haben möchte. Er war mehr damit beschäftigt, im Vorfeld schon zu schauen, welcher Arzt heute Dienst hat, als Angst zu haben.

▶ *Susanne, Sohn hatte ein unilaterales Retinoblastom*

DEINE FAMILIE

Neben dir und deinem Kind sind auch andere von seiner chronischen Erkrankung betroffen. Oft gibt es noch Geschwister, die von nun an ebenso mit der Diagnose und den Folgen leben müssen. Wie findet ihr eure Rollen in der Familie und wie könnt ihr gemeinsam besser damit umgehen?

Die Familie neu sortieren

Eine Familie besteht nicht immer klassisch aus Mutter, Vater und ein bis zwei Kindern. Familie ist bunt und vielfältig. Egal, wie eure Familie aussieht, alle sind von der Diagnose einer chronischen Erkrankung beim Kind betroffen. Sei es emotional, organisatorisch oder genetisch. Die Familie, wie es sie bis zum Zeitpunkt erster Symptome, Veränderungen, Untersuchungen und Diagnosen gab, wird einmal komplett durcheinandergewirbelt. Sie findet sich neu zusammen, mit eigenen Rollen, Aufgaben und Verantwortungen und geht stärker als vorher aus dieser Anfangszeit hervor. Denn von nun an gibt es eine neue Begleiterin, die chronische Erkrankung, die in die Familie integriert werden muss. Dabei hilft es, Routinen zu entwickeln und Aufgaben zu verteilen, sodass sich nicht ständig alles um das „neue Familienmitglied" dreht. Denn vor allem Geschwister können darunter leiden.

Rollen, Aufgaben und Verantwortungen neu verteilen

Die gesamte Familie steht nun vor einer großen Herausforderung. Im besten Fall wird die Krankheit irgendwann so normal, dass Therapie und Medikation so selbstverständlich dazugehören wie Zähneputzen und Abendessen. Ab einem gewissen Punkt wird sich das Familienleben nicht mehr nur sorgenvoll um die chronische Erkrankung drehen. Der Weg dahin ist allerdings nicht immer einfach oder kurz.

Neben den Sorgen und Ängsten, die dich und deine*n Partner*in umtreiben, müssen Abläufe und Behandlungen organisiert, in den Alltag aufgenommen oder geplant werden. Gedanklich bist du abgelenkt und hast weniger Kraft für einen halbwegs normalen Alltag und alle Familienmitglieder. Diese Situation ist für alle schwer, denn niemand ist allein krank – erst Recht nicht ein Kind. Gerade in der Anfangszeit ist es normal, dass der Alltag unorganisiert wirkt und viele Dinge liegen bleiben. Auch Geschwister haben ab einem gewissen Alter Verständnis dafür, wenn sich gerade alles um das chronisch kranke Kind dreht, zumindest für einen Moment. Kleine Kinder allerdings verstehen das nicht, da sie noch kein Verständnis für Krankheiten und damit verbundenen Sorgen haben. Es ist also wichtig, wenn es um Rollen oder Aufgaben in der Familie geht, dass jede*r entsprechend seinem Alter eingebunden wird. Eine Mammutaufgabe für Familien, die sie stark zusammen wachsen lassen kann.

Je nach Behandlungsplan des Kindes kommen verschiedene Aufgaben auf dich zu. Wenn ein Teil der Behandlung eine längere Zeit in Kliniken voraussetzt, müsst ihr euch darüber verständigen, wer wann beim Kind bleibt. Ältere Kinder und Jugendliche können stationär einige Zeit allein bleiben. Aber bei Arztgesprächen oder relevanten Behandlungen sollte immer ein Elternteil oder eine Bezugsperson dabei sein. Nicht nur, um ärztlich aufgeklärt zu werden, sondern auch um das Signal zu geben: Du bist nicht allein. Wir stehen das gemeinsam durch.

Häufig fällt die größte Last der Organisation und auch Anwesenheit bei Behandlungen und Untersuchungen den Müttern zu. Und auch die Sorgen scheinen bei den Müttern in den Familien zu überwiegen. Die Gründe dafür sind vielfältig und basieren auf einem lang gelebten und geförderten Rollenbild. Darum soll es hier aber nicht gehen. Im Mittelpunkt muss eher stehen, dass *jede*r* in der Familie eine Aufgabe und Rolle zugewiesen bekommt, die im Zusammenhang mit der chronischen Erkrankung wichtig ist. Diese Aufgabenverteilung sollte im Idealfall einvernehmlich und *gemeinsam* entschieden werden. Die Kriterien für die jeweiligen Entscheidungen obliegen jeder Familie selbst. So kann es notwendig sein, dass eine*r in der Familie für einen gewissen Zeitraum seine*ihre Erwerbstätigkeit aufgeben muss, da häufige und lange Arzt- und Klinikbesuche notwendig sind. Natürlich ist es auch möglich, dass sich beide Eltern zusammen mit Großeltern oder anderen Bezugspersonen abwechseln. Dafür sollte dann ein konkreter Plan erstellt werden, der jeden Tag abdeckt. Ebenso muss sichergestellt werden, dass die Informationen aus den medizinischen Aufklärungsgesprächen immer gut weitergegeben werden.

> *Ich arbeite nicht. Ich habe zwar ein abgeschlossenes Examen, aber keine Berufserfahrung, da die erste Diagnose während meines Studiums kam. Mit Mitte dreißig habe ich in meinem eigentlichen Beruf noch nie gearbeitet.*
> ▶ *Josefine, Kinder haben lymphoblastische Leukämie sowie ADHS und Asthma*

Was viele Eltern zu Beginn nicht umreißen können, ist die Unplanbarkeit der Erkrankung. Unabhängig von der Diagnose kann es gerade mit Auftreten neuer Symptome und Unsicherheiten zu häufigen Arztbesuchen, wenn nicht sogar Notarztbesuchen kommen. Diese Information soll dir keine Angst machen, sondern dich darauf vorbereiten, dass diese Dinge mitunter spontan und schnell organisiert werden müssen. Sind mehrere Kinder in der Familie, müssen auch sie versorgt sein.

Eine Möglichkeit, Unvorhergesehenes aufzufangen, ist, sich ein Netzwerk vor Ort aufzubauen. Weiht Nachbar*innen oder gute Freund*innen aus dem Kindergarten oder der Schule ein. Sorgt dafür, dass die Geschwisterkinder im Fall der Fälle betreut werden.

Notfallpläne: Sicherheit in der größten Unsicherheit

In der Zeit, in der noch vieles unsicher ist und auch Arzttermine spontan und nicht immer planbar sein können, ist es sinnvoll, einen Notfallplan in der Schublade zu haben. Dieser Plan scheint auf den ersten Blick vielleicht übertrieben. Aber oft hilft er dabei, einmal alles Wesentliche zusammenzutragen. So wird allen bewusst, woran sie denken müssen und wer im Zweifel helfen kann. Zum Beispiel ist es gut, für die Geschwisterkinder eine Liste aller Menschen zu erstellen, die sie im Notfall aus Schule oder Kindergarten abholen können. Das Geschwisterkind sollte alle auf dieser Liste gut kennen und auch Bescheid wissen, wer draufsteht. So hat es das Gefühl, die Situation zu überblicken und kann sich besser auf Veränderungen einstellen.

Der Notfallplan: Was steht drin?

- Kontaktdaten von Freund*innen der jeweiligen Geschwister, die spontan die Betreuung übernehmen können
- Vollmachten und Bescheinigungen, um Kinder abzuholen, zu besuchen oder andere Entscheidungen zu treffen
- Telefonnummern aller relevanter Ärzt*innen und Kliniken
- Medikation für Geschwister oder andere Familienmitglieder
- Organisation der Freizeitaktivitäten gesunder Geschwister, Freund*innen, bei denen sie mitfahren können
- Eine Liste der Leute, die euer (gesundes) Kind im Zweifel abholen dürfen – mit dem Kind abgesprochen
- Packliste für die Krankenhausaufenthalte (Habt am besten schon eine gepackte Tasche bereit.)
- Ideen für Mitbringsel und Spielzeug für die Wartezeiten
- Für den Fall, dass es Unverträglichkeiten in der Familie gibt oder das chronisch kranke Kind eine spezielle Diät braucht: Verträgliche Nahrungsmittel und Gerichte
- Ein Notfalleinkaufszettel bzw. Speiseplan, der genutzt wird, wenn wirklich keine Zeit für irgendwas bleibt oder ihr Einkauf und Kochen an liebe Freund*innen oder Verwandte abgeben könnt

Weiht nicht nur die engsten Verwandten, sondern auch Erzieher*innen, Lehrer*innen und Freund*innen aus Kindergarten und Schule ein und sprecht über die aktuelle Familiensituation. Weniger, um euer Leid loszuwerden, sondern ausschließlich, um aufzuklären. So haben alle die Möglichkeit, Verständnis für das jeweilige Geschwisterkind oder auch das chronisch kranke Kind zu entwickeln, anders auf Situationen einzugehen oder Unterstützung anzubieten. (Mehr dazu im Kapitel „Andere einweihen: Wann, wen, wie?“.) Vor allem für Geschwisterkinder kann es wertvoll sein, wenn sie am Nachmittag mit zu Freund*innen nach Hause gehen oder sogar dort übernachten, um etwas „normalen Alltag“ zu haben. Auch hier sollte mit den jeweiligen Erwachsenen abgestimmt sein, was möglich ist.

Ich hatte zu Beginn eine Phase, in der ich etwas tun musste. Wir warteten auf Untersuchungsergebnisse und ich fühlte mich so hilflos und unnütz. Also war ich einkaufen. Ich habe alle (haltbaren) Vorräte aufgefüllt, weiche passende Klamotten für das Krankenhaus besorgt und den Drogeriemarkt leer gekauft. Wir hätten wohl Jahre ins Krankenhaus gehen können, uns wäre nichts ausgegangen.

▶ *Susanne, Sohn hatte ein unilaterales Retinoblastom*

Geschwister, die zweiten Patient*innen

Der Alltag wird von der Krankheit dominiert. Bestehen Familien aus mehr als einem Kind, gibt es automatisch weitere Patient*innen im Haushalt: die Geschwister. Diese sind zwar nicht direkt von der chronischen Erkrankung betroffen, wohl aber von allem, was damit einhergeht. Die Krankheit betrifft alle in der Familie, selbst wenn das Geschwisterkind noch ein Baby oder schon ein unabhängigerer

Teenie ist. Denn Geschwister bekommen mit, was gerade passiert. Auch sie können es nicht immer sofort in Worte fassen, spüren aber die Veränderung und die Sorgen. Nicht selten werden die Geschwisterkinder auch als „Schattenkinder“ bezeichnet, da sie ebenfalls von der Krankheit beeinflusst werden, aber viel weniger Aufmerksamkeit bekommen. Der richtige Umgang mit ihnen in dieser Zeit und darüber hinaus ist wichtig für das Zusammenleben als Familie, ihre Rolle und ihre eigene Wahrnehmung.

Wie viel Wissen ist okay?

Für Geschwister gelten die gleichen Kriterien wir für dein krankes Kind, wenn es darum geht, sie über die Krankheit aufzuklären und in Abläufe miteinzubeziehen. Allerdings kommt hier eine weitere Schwierigkeit dazu: Kinder sind **erst ab dem dritten Lebensjahr** in der Lage, sich in andere hineinzuversetzen. Vorher ist es also nicht ratsam, das Geschwisterkind über die chronische Erkrankung aufzuklären, da das zu belastend und verwirrend wäre. Es reicht dann, wenn du Veränderungen kommentiertest und zum Beispiel sagst, dass die Schwester oder der Bruder gerade bei dem*der Ärzt*in ist. **Mit 4 oder 5 Jahren** können Geschwister dann verstehen, dass etwas bei anderen nicht in Ordnung ist. Fasse deine Erklärungen trotzdem in einfache, aber klare Worte. Denn eines ist gerade für Geschwisterkinder wichtig: Krank ist nicht gleich krank. Bisher versteckte sich hinter dem Wort „krank“ meist ein harmloser Infekt; eine chronische Erkrankung ist etwas anderes. Mache also einen Unterschied in der Umschreibung und sage explizit: „Es ist eine Erkrankung, die mehr Zeit braucht und die sich Ärzt*innen oft anschauen müssen.“ So kann auch das Kind verstehen, dass es einen Unterschied zu einer Erkältung gibt. **Ab dem Grundschulalter** können Kinder dann auch kausale Zusammenhänge verstehen und zwischen sich und anderen in ihren Empfindungen unterscheiden. Redet in der Familie deswegen ab diesem Alter vollkommen offen und nennt die Krankheit auch beim Namen. Nur so können Kinder verstehen, was passiert, und gezieltere Fragen stellen, wenn sie das Thema beschäftigt. **Ab 11 oder 12 Jahren** können Kinder verstehen, welche Tragweite gewisse Diagnosen haben, ob sie selbst etwas tun können und warum sich gerade vieles ändert.

Egal, welches Alter die Geschwisterkinder haben: Offenheit ist bei den Geschwistern genauso wichtig wie beim kranken Kind. Denn während das kranke Kind verstehen muss, warum es Behandlungen braucht und Ärzt*innen trifft, müssen Geschwister verstehen, warum ein Teil der Familie abwesend ist oder warum die Kinder nicht mehr wie sonst zusammen spielen können, weil es möglicherweise Einschränkungen durch OPs oder anderes gibt. Du musst also andere Inhalte vermitteln: „Ihr könnt gerade nicht mehr so wild toben, weil dein Bruder operiert wurde. Die Narben müssen erst verheilen, dann geht das wieder. Fallen dir noch andere Spiele ein, die ihr nun zusammen spielen könnt?“

Kinder wollen alles wissen und brauchen auch schlüssige Gründe, warum sie bestimmte Dinge nicht mehr wie sonst machen können. Gerade die Geschwisterbeziehung ist oft von Unbeschwertheit und Spiel geprägt. Je nach Krankheitsbild kann sich das verändern. Ältere Geschwisterkinder bekommen vielleicht sogar das Gefühl, sie müssten auf den*die kleine*n Patient*in aufpassen, wenn sie unterwegs sind, weil sie die Älteren sind. Auch diese Dinge müssen thematisiert werden. (Natürlich ist das nicht ihre Aufgabe!)

Etwas, was Geschwister immer wissen sollten, und was für sie wahrscheinlich auch im Vordergrund steht, ist die Frage: Was ändert sich für mich? So wichtig der Bruder oder die Schwester für sie auch ist und so empathisch sie sind, Kinder müssen wissen, wie sie von der chronischen Erkrankung betroffen sind, worauf sie achten müssen und welche Rolle sie in diesem Zusammenhang haben. Oft nehmen gerade ältere Geschwister unbewusst die Beschützerrolle ein, was verständlich ist. Aber diese Rolle sollte das Miteinander der Kinder nicht dominieren, im Gegenteil. Unter Geschwistern ist die Chance am größten, dass sich das chronisch kranke Kind normal fühlt. Sie spielen, toben und streiten wie immer und verhalten sich zueinander, wie vorher auch. Und zusätzlich haben Geschwister häufig ein intuitives Verständnis für Symptome, unvorhergesehen Situationen und das richtige Maß an Rücksichtnahme.

Besprich mit den Geschwistern vor allem Veränderungen, die auch nach außen sichtbar sind. Egal ob Chemotherapie, Operationen oder andere Eingriffe. Sonst sind sie im schlimmsten Fall nicht nur schockiert, sondern fühlen sich auch außen vor gelassen, weil sie Dinge nicht erfahren haben. Aber auch Veränderungen im Alltag, zum Beispiel eine neue Art der Ernährung, solltest du thematisieren. Kinder legen Wert darauf, gleich behandelt zu werden, gerade bei mehreren Geschwistern. Sie möchten nicht anders essen oder trinken als der Rest der Familie. Umso eher besteht die Chance, dass das Miteinander unter den Kindern eine neue Normalität annimmt, in der alle frei sein können, ohne Angst.

Das Geschwistergespräch

- Setz dich mit deinem Kind zusammen hin und sorge für etwas Ruhe, sodass genug Raum für Fragen ist. Am besten nicht mit allen Geschwistern auf einmal, sondern mit jedem Kind exklusiv.
- Bevor du anfängst, frag dein Kind, wie es die Situation gerade empfindet. Die unverfälschten Emotionen des Geschwisterkindes können ein Gefühl dafür geben, was in ihm vorgeht.
- Direkte, offene Fragen wie „Wie fühlst du dich gerade?“ können das Gespräch eröffnen.
- Nimm die Antworten an, auch wenn sie vielleicht wehtun oder dich traurig machen.
- Erkläre dem Geschwisterkind, was gerade in der Familie passiert.

- Greife je nach Alter des Kindes auf passende Fantasiegeschichten oder klare Diagnosen und Details zurück. Wichtig ist, dass dein Kind eine altersgerechte Vorstellung davon bekommt, was gerade mit seinem kranken Bruder oder seiner kranken Schwester passiert.
- Erkläre auch deine elterlichen Gefühle und gib ihnen einen Namen: Angst, Sorge, Unsicherheit, aber auch Zuversicht und Stärke.
- Erkläre, was in naher Zukunft auf euch als Familie zukommen kann und was sich verändern könnte.
- Nach so vielen Informationen: Frag dein Kind nach seinen Gefühlen und Gedanken. Lass die Gedanken zu und verharmlose sie nicht. Nimm sie an, auch wenn es euch wehtut.
- Nimm deinem Kind nicht übel, wenn es in dem Moment nicht ängstlich oder besorgt wirkt, oder gar gleichgültig scheint. Gefühle sind nicht beliebig abrufbar, sondern Kinder verarbeiten diese, wenn sie so weit sind.
- Kleinere Kinder leben in ihrer kindlichen Welt und kommen nach und nach mit ihren Fragen und Emotionen aus sich raus. Sei aufmerksam deinem Kind gegenüber, um zu sehen, wann es bereit für ein Gespräch oder weitere Fragen ist.
- Je nach Alter deines Kindes, stelle klare Fragen: „Was brauchst du jetzt?“ Sicherheit, Nähe, Familienzeit, Ruhe, Alleinsein … Alles ist okay.
- Um zu signalisieren, dass sich nicht nur alles um das chronisch kranke Geschwisterkind drehen soll: Plant zusammen, wie ihr Zeit verbringen könnt bzw. was ihr gemeinsam tun könnt.
- Überlegt auch zusammen, was für das Geschwisterkind gemacht werden kann und wir ihr es alle unterstützen könnt.
- Signalisiere, dass du, so blöd und komisch die Zeit auch gerade ist, offen bist für Kritik, Gespräche & Co.
- Bedränge dein Kind nicht. Eltern sind durch eigene Unsicherheiten getrieben und fragen oft nach. Sage stattdessen: „Ich habe das Gefühl, du brauchst deine Ruhe. Du weißt, wenn du darüber reden willst, kommst du zu mir.“

Auch Geschwister haben Angst

Kinder haben, je nach Alter, noch kein Verständnis für die Krankheit und damit auch keine Angst um das chronisch kranke Geschwisterkind. Aber sie haben zum Beispiel Angst, ihre Eltern zu verlieren – die Verlustangst. Das ist ganz normal, wenn sich auf einmal vieles um die Behandlung des kranken Kindes dreht. Verlustangst bei Kindern ist eine Art Überlebensangst, weil sie das Gefühl haben, dass die Eltern weg sind. Deswegen ist es so wichtig, dass betroffene Geschwisterkinder auch außerhalb der eigenen Familie Halt und Zuwendung erfahren.

▶ *Martina Stotz, Doktorin der Psychologie*

Für die Geschwister eines chronisch kranken Kindes bekommt das Leben eine andere Prägung, denn unbewusst tragen sie eine Verantwortung, um die sie niemals gebeten haben. Und obendrauf kommt noch die damit verbundene Angst, etwas falsch zu machen, der Schwester oder dem Bruder aus Versehen zu schaden oder ihn*sie in Gefahr zu bringen. Diesen Unsicherheiten und Ängsten kannst du ähnlich begegnen wie denen deines chronisch kranken Kindes: mit Offenheit, Reflexion der eigenen Gefühle und indem du dir deiner Vorbildfunktion bewusst bist. Kinder lernen durch Nachahmung. Zeig im Alltag immer wieder, wir selbstverständlich du mit den Veränderungen umgehst (auch wenn es dir eigentlich schwerfällt). Gerade auch im Umgang mit Hilfsmitteln und Geräten, die den Kindern zusätzlich Angst machen.

*Wir waren mehrere Wochen in der Klinik, weil unser Kind rund um die Uhr intravenös Medikamente brauchte. Demnach hat der Perfusor oft gepiept, wenn die nächste Runde dran war. Das hat die gesunde Schwester zunächst verunsichert, weil sie Angst hatte. Wir haben ihr dann gezeigt, welchen Knopf sie drücken muss, dass Ruhe ist, und ihr gesagt, dass sie im Fall eines Piepens zu den Pfleger*innen gehen soll und Bescheid geben. Recht schnell war das normal für sie und sie hatte selbst das Gefühl, etwas Sinnvolles und Hilfreiches zu machen.*

▶ *Susanne, Sohn hatte ein unilaterales Retinoblastom*

Kinder lernen aber nicht nur durch beobachten, und übernehmen dadurch auch nicht zwangsläufig deinen selbstverständlichen Umgang. Vieles bleibt für sie unverständlich und rätselhaft, vor allem, wenn sie noch kleiner sind. Warum braucht mein Bruder dieses Gerät? Was macht das? Tut es weh, wenn meine Schwester immer wieder diese Behandlung braucht? Und warum müssen wir so oft zu Ärzt*innen oder ins Krankenhaus? Fragen, die dein Kind sich nicht immer zu stellen traut, gerade wenn der neue Alltag hektisch und fremdbestimmt ist. Trotzdem sollte das Geschwisterkind die Chance dazu bekommen. Nehmt euch immer wieder einen ruhigen Moment, setzt euch mit allen in der Familie hin und redet über das, was gerade passiert. Nennt Dinge beim Namen, sagt, wie ihr nun damit umgeht und was passieren wird. Redet über Beteiligte wie Ärzt*innen oder Pfleger*innen immer mit deren Namen. So bekommen diese Menschen ein „Gesicht" und sind nicht anonym. Sie werden einen Teil eures Lebens mit euch gehen. Es ist also gut, wenn auch die Geschwister die Namen zuordnen können, gerade, wenn sie auch bei Arztbesuchen oder in der Klinik mit dabei sind. Vielleicht findet ihr auch gemeinsam mit ihnen einen Weg, das Geschwisterkind einzubeziehen, wenn es das denn möchte. Es gibt auch für kleinere Kinder die Möglichkeit zu helfen, zum Beispiel wenn es um Medikamente oder Messungen geht. Die kleinen Geschwister können die Hand des Bruders oder der Schwester halten oder mit einem Spielzeug-Arztkoffer danach noch einmal abhorchen oder Ähnliches. Wichtig ist, dass sich das gesunde Geschwisterkind nicht ausgeschlossen fühlt, wenn es teilhaben *möchte*. Und auch Kindern, die signalisieren, dass ihnen das zu viel ist, und die nicht mehr wissen möchten, sollte immer die Möglichkeit bleiben, ihre Meinung zu ändern. Frage die Geschwister regelmäßig, ob sie helfen oder bestimmte Aufgaben übernehmen möchten. Das zeigt, dass ihnen die Tür offen steht, und lässt Raum für eigene Entscheidungen.

Geschwisterbeziehungen sind nicht immer rosig, im Gegenteil. Konflikte, Streit und böse Worte sind oft Teil der Beziehung. Nicht selten fallen da Sätze wie „Ich möchte dich nicht mehr als Schwester" oder „Ich wünschte, du wärst nicht da". Bekommt dieses Geschwisterkind dann eine chronische Erkrankung, haben die Kinder oft den Eindruck, sie seien schuld daran. „Schließlich wollte ich sie wegwünschen ..." Diese vergangenen Äußerungen können die gesunden Geschwisterkinder stark belasten, vor allem, wenn sie sich selbst für das Schicksal verantwortlich machen. Deswegen sollten sie verstehen lernen, wie eine chronische Erkrankung entstehen kann und wer dafür verantwortlich ist: meist niemand! Es hilft Geschwisterkindern auch, wenn du von ihrer Beziehung zu deinem Bruder oder deiner Schwester sprichst und erzählst, was ihr früher alles verzapft habt.

Gerade bei älteren Kindern wird vorausgesetzt, dass sie mehr Verantwortung übernehmen können. Das trifft zu, wenn es um Haushalt, Schule & Co. geht. Bei einem chronisch kranken Geschwisterkind darfst du aber nicht davon ausgehen, dass sie nun ebenso als Aufpasser*in oder Hilfspfleger*in agieren. Denn die medizinische Verantwortung für ein Kind ist enorm. Erinnere dich selbst an die Ängste und Sorgen der ersten Zeit. Geschwister sollten deswegen nicht gegenseitig auf sich aufpassen müssen, außer in dem Rahmen, wie sie es auch im gesunden Zustand tun würden. Denn eines solltest du immer bedenken: Wissen führt nicht automatisch zu Verständnis oder Rücksichtnahme. **Das Verhältnis zwischen den Geschwistern sollte im besten Fall so normal wie möglich bleiben, damit beide einen nahezu unberührten Teil ihres Lebens beibehalten.**

EINE VERTRAUENSPERSON FÜR DAS GESCHWISTERKIND

Alle deine Kinder versuchen instinktiv und unbewusst, dich zu beschützen. Demnach werden Geschwisterkinder selten ihre kompletten Sorgen und Ängste offenlegen, weil sie nicht zusätzlich zur Last fallen wollen. Es ist also gut, wenn deine Kinder neben dir eine weitere Bezugsperson haben. Diese Person ist freier, im besten Fall voller Lebensfreude und weniger von Angst und Sorgen belastet als du aktuell. Bei dieser Person sollten sie komplett offen sein können. Hier gehen Gefühle und Wahrheiten leichter über die Lippen. Um das Vertrauen nicht zu zerstören, sollte diese Person dich nur im wirklichen Notfall einweihen beziehungsweise zur Hilfe holen.

Wenn die Eifersucht anklopft

„Oh guck mal, meine Schwester hat Schmerzen. Aber warum sind Mama und Papa so aufgelöst? Sie weinen viel, reden leise miteinander und sind immer mit meiner Schwester unterwegs. Die darf auf einmal alles, guckt viel mehr Fernsehen als ich und bekommt ständig eine Zeitschrift oder etwas Neues zum Spielen. Mama sagt, damit ihr in der Praxis nicht so langweilig ist. Wenn das so ist, möchte ich auch dorthin. Ich glaube, ich habe Bauchschmerzen. Ja, Bauchschmerzen sind gut, die sieht man nicht. Vielleicht kümmern sich Mama und Papa dann auch mal wieder um mich. Mamaaaaaaa, mir tut der Bauch weh!“ Was hier nur ein fiktives Gedankenspiel ist, zeigt trotzdem recht gut die Gedanken eines Kindes, dessen Geschwisterkind wegen einer chronischen Erkrankung auf einmal viel Aufmerksamkeit und Zuwendung bekommt. Gerade kleinere Kinder können noch nicht erfassen, was Krebs, Diabetes, Mukoviszidose oder Herzfehler sind, sie können nur mit dem Wort „krank“ etwas verbinden. Wenn also ein Geschwisterkind durch eine chronische Erkrankung mehr Aufmerksamkeit bekommt, weil die erste Zeit und die Behandlung das einfordern, dann fühlen sich andere Kinder in der Familie vernachlässigt. Es kann sein, dass sie in der Zeit Scheinsymptome wie Bauch- oder Kopfschmerzen fingieren oder wirklich entwickeln, um die gleiche Aufmerksamkeit zu bekommen. Schließlich möchten sie die gleichen „Vorteile“ genießen können. Schulfrei, Geschenke zum Zeitvertreib, viel Zeit mit Bezugspersonen oder zahlreiche Besuche können auf den ersten Blick verlockend wirken. Umso wichtiger, dass Geschwisterkinder nicht nur den vermeintlich positiven Teil wahrnehmen, sondern altersgerecht in Diagnose und Behandlungswege einbezogen werden. Nur so ist es möglich, dass Kinder den Blick fürs Ganze bekommen.

EXKLUSIVZEITEN PLANEN

Eifersucht ist trotzdem keine Seltenheit und eine logische Reaktion auf die neue Art des Familienlebens. Vor allem in Bezug auf die gemeinsame Zeit mit dir oder anderen Bezugspersonen kann das deutlich hervorkommen. Plane also unbedingt exklusive Zeitfenster für alle Kinder in der Familie ein, während der die Kinder jeweils die volle Aufmerksamkeit der Bezugspersonen haben. Egal ob ein Film- oder Spieleabend, ein Ausflug oder Zeit zum Spielen und Puzzeln: Das Kind soll spüren, dass es in diesem Moment im Mittelpunkt steht. Es darf sich nach der ersten Zeit des Neusortierens keine stumme Routine einschleichen, in der das gesunde Geschwisterkind „einfach so mitläuft“.

Kinder kooperieren viel, wollen den Eltern gefallen und sind wahnsinnig anpassungsfähig. Sie können sich also schnell an die neuen Umstände in der Familie gewöhnen und suchen darin ihren Platz. Welcher Platz das aber sein wird, liegt mit in deiner Hand. Denn Eifersucht in Form von Scheinsymptomen ist nur eine mögliche Reaktion. Die wahrgenommene mangelnde Aufmerksamkeit und Fürsorge kann sich ebenso in anderem Verhalten äußern. Vor allem kleinere Kinder können anhänglicher werden, um Aufmerksamkeit zu bekommen. Sie brauchen die Nähe und fordern sie auf ihre Art und Weise ein. Aber auch Auffälligkeiten in Verhalten, Kooperation und sozialer Interaktion sind möglich. Die Bandbreite ist enorm und so individuell, wie es eben jedes Kind auf der Welt ist.

Egal, wie sich Eifersucht bei deinem Kind äußert, oft wird es so sein, dass es den Auslöser nicht klar benennen kann. Viele Kinder werden in der Schule auffällig, ohne dass sie selbst den Zusammenhang zu den Veränderungen zu Hause sehen. Kleinere Kinder können im Kindergarten ihr Verhalten kompensieren, ohne dass die Erkrankung des Geschwisterkindes als Ursache wahrgenommen wird. Dieser Zusammenhang ist oft für alle Beteiligten neu und schwer in Worte zu fassen oder sogar zu erkennen. Gib also auch den Geschwisterkindern immer wieder die Möglichkeit, über ihre Gefühle zu sprechen und sie rauszulassen. Hilf ihnen, ihr Ventil zu öffnen. Und sage auch in Schule und Kindergarten Bescheid, damit Lehrkräfte und Erzieher*innen etwas nachsichtiger sind.

Hilfe bei Eifersucht und Ängsten der Geschwister

- Kinder spiegeln uns: Rede selbst über deine Gefühle und Ängste und auch darüber, wie du damit umgehst. „Manchmal möchte ich die ganze Welt schubsen und schreien“ ist ein emotionaler Impuls, den du regulieren kannst, deine Kinder aber (noch) nicht. Sei ihnen ein Vorbild.

- Stell deinem Kind Fragen: was es gerne möchte, was es sich wünscht und was anders sein soll. Antworten wie „Ich wünschte, meine Schwester wäre nicht geboren, dann wäre alles normal“ können erschrecken und tun weh. Aber auch solche Gefühle müssen raus. Wenn das Geschwisterkind glaubt, dass es so nicht fühlen darf, dann sucht die Wut ein anderes Ventil. Du weißt selbst, wie gut es oft tut, etwas auch nur auszusprechen.
- Eifersucht ist ein normales Gefühl. Das sollten auch Kinder erfahren. Benenne das Gefühl, gib ihm einen Namen und erkenne es an. „Ich verstehe, dass du eifersüchtig bist, weil sich gerade alles um deine Schwester zu drehen scheint.“ So fühlt sich dein Kind gesehen.
- Rede die Eifersucht und das daraus resultierende Verhalten nicht klein und mache dem Geschwisterkind auf keinen Fall ein schlechtes Gewissen, etwa nach dem Motto: „Warum bist du so gemein? Sei froh, dass du gesund bist!“ Kinder sehen in dem Moment nicht ihre Gesundheit als vermeintlichen Reichtum, sondern das Fehlen der elterlichen Aufmerksamkeit als Mangel.
- Die Schwester oder der Bruder eines chronisch kranken Kindes zu sein, kann einsam machen. Vor allem, wenn Freund*innen nicht wissen oder verstehen, was das bedeutet. Viele Organisationen bieten deswegen Gruppen oder Aktionen für betroffene Geschwisterkinder an. Dort können sie sich austauschen und treffen auf Verständnis.

Wie beschrieben äußern Kinder ihre Eifersucht und den Frust über mangelnde Aufmerksamkeit auf unterschiedlichste Art und Weise. Manche werden schwierig, frech, unverschämt, auffällig, faul, anhänglich, weinerlich, laut, leise, wütend ... was auch immer. Verurteile dieses Verhalten deines Kindes nicht, denn es ist sich der Ursachen meist nicht bewusst. Am Ende sind die Geschwister auch noch Kinder, die im „Hier und Jetzt“ leben. Sie denken nicht an morgen, sondern nur an den aktuellen Moment. Es wäre schade, wenn sie dieses

Denken ablegen müssen, weil wir als Eltern die Erwartungshaltung haben, sie müssten nun kleine Erwachsene sein. Sucht zusammen nach Lösungen und Möglichkeiten, dass auch die gesunden Kinder in der Familie das bekommen, was sie brauchen. Das ist nicht einfach und emotional für alle in der Familie belastend. Aber der Weg, den ihr nun zusammen geht, wird euch ein Leben lang prägen.

NÄHE UND ZUWENDUNG IM FAMILIENBETT

Die Zuwendung der Eltern ist auch für die gesunden Geschwisterkinder essenziell. Was viele unterschätzen: Kinder wollen in unsicheren Situationen gerade nachts nicht allein sein. Am Abend durchleben die Kinder nochmals den Tag und es kommen die verschiedensten Gedanken auf. Sie haben also Angst beim Einschlafen und auch in der Nacht kommt diese immer wieder hoch. Das braucht besondere Zuwendung. Für alle am einfachsten und auch am effektivsten: Der Schlaf im Familienbett oder im Zimmer der Eltern sorgt für Nähe und erholsamen Schlaf.

Geschwistern Sicherheit geben

Familie sollte im besten Fall für Kinder Geborgenheit, Sicherheit und Nähe bedeuten. Mit dem „Einzug“ einer chronischen Erkrankung tritt vor allem das Gefühl der Sicherheit erstmal in den Hintergrund. Vor allem den Kindern geht dieses Gefühl vorübergehend verloren, wenn sie nicht mehr wie gewohnt von Mama zum Kindergarten gebracht oder vom Papa abgeholt werden. Unvorhersehbarkeiten und Notfälle schüren Ängste und nehmen dabei das Gefühl von Sicherheit weg. Umso wichtiger ist es, dass Kinder dieses Gefühl (wieder) aufbauen und ihre Familie weiterhin ein sicherer und geborgener Ort bleibt, egal ob ein Teil davon vielleicht gerade im Krankenhaus ist.

Geschwistern Sicherheit geben

- Je nach Behandlungsart und -ort sind nicht immer alle Familienmitglieder zu Hause. Vereinbart deshalb regelmäßige Familienzeiten. Sei es ein Spiele- oder Filmabend, ein besonderer (und machbarer) Ausflug, gemeinsames Backen oder Kochen oder ein Picknick. Sucht etwas, woran alle Spaß haben, und lasst diese Aktivität zu einem lieben Ritual für alle werden. Versucht, in der Zeit nicht ausschließlich über die Erkrankung oder Veränderungen zu reden. Nutzt den Moment, um zu erfragen, wie es den Kindern geht. Auch eine Idee: Überlasst den Kindern die Planung und Führung der Familienzeit. Was wollen sie essen? Wie sieht der Tisch aus? Wer macht was? Wenn die Kinder das Sagen haben, fühlen sie sich gesehen und wahrgenommen. Und Mama und Papa können auch einmal kurz genießen und sich zurücklehnen ... bis es an die Beseitigung des Chaos‘ geht.
- Gibt es Dinge, die nur du bzw. dein*e Partner*in mit dem Geschwisterkind macht? Ins Bett bringen, Baden, Haare schneiden, einkaufen, Bücher vorlesen, usw.? Versucht, diese festen Rituale, die es schon lange gibt, beizubehalten, oder zumindest so oft es geht stattfinden zu lassen. Wenn sich nicht alles von jetzt auf sofort für eure Kinder ändert, ist auch das ein Zeichen von Sicherheit und Verlässlichkeit.
- Bereite dein Kind auf Unvorhergesehenes vor. So kann es passieren, dass du es auf einmal nicht wie besprochen vom Sport oder aus der Betreuung abholen kannst. Das schürt Unsicherheiten und Ängste, denn irgendetwas scheint passiert zu sein. Bereite dein Kind auf diese Möglichkeit vor. Geht gemeinsam durch, was dann passieren kann: „Wer kommt stattdessen zum Abholen? Wie wird das ablaufen? Was können wir dann tun, dass du dich sicher fühlst? Was wünschst du dir für diese Momente?“ Versuche, für diese Situation nur Leute ins Boot zu holen, denen dein Kind vertraut und mit denen es gern Zeit verbringt. Ein Netzwerk wird sich in dieser Zeit immer wieder als wertvoll erweisen.

- Smartphones & Co. sind eine enorme Unterstützung, wenn es um den Kontakt und Austausch als Familie geht, auch wenn ihr nicht am selben Ort zusammen sein könnt. Für viele ist Video-Telefonie eine gute Möglichkeit, sich zu sehen. Aber nicht alle Kinder, vor allem die Kleinen, verstehen, dass sie einen Elternteil sehen können, der aber nicht wie gewohnt bei ihnen ist. Und auch andersrum kann es für das chronisch kranke Kind in der Klinik schwer sein, einen Teil der Familie zu Hause zu sehen. Um ein Telefonat unter Tränen zu vermeiden, schickt stattdessen kurze Videos. Die können je nach Stimmung und Bedarf geschaut werden, gern auch mehrmals. So kann der*die jeweilige Begleiter*in einschätzen, wann ein guter Moment ist, dieses Video anzuschauen.
- Routinen geben Sicherheiten. Schaut zusammen als Familie, welche Routinen es bei euch gibt und wie ihr diese beibehalten könnt. Ist es das gemeinsame Abendessen oder der Wocheneinkauf? Hilft ein Kind immer beim Wäscheaufhängen oder bringt es den Müll raus? Egal, was es ist, es soll bleiben. Manche Sachen, wie ein gemeinsames Essen, lassen sich auch in die Klinik verlegen oder aufs Wochenende, wenn alle beisammen sind. Die für viele Kinder wichtige Routine des abendlichen Vorlesens kann auch per (Video-)Telefon stattfinden, sodass nicht alles komplett anders ist.

Unser gemeinsames Abendessen war immer der Dreh- und Angelpunkt in unserem Familienleben. Eine Mahlzeit zusammen, bei der jeder von seinem Tag erzählen konnte. Als ich mit meinem Kind im Krankenhaus war, haben wir es einfach dorthin verlegt. Meine Partnerin hat unser großes Kind abgeholt, sie haben zusammen eingekauft und kamen zu uns. Dort gab es Tische auf den Gängen, sodass wir niemanden gestört haben und trotzdem unsere Routine hatten – nur eben an einem anderen Ort.

▶ *Andreas, Tochter hat Diabetes Mellitus Typ 1*

Geschwister sorgen für Normalität

Geschwister sind Fluch und Segen zugleich. Niemand sonst kann verlässlicher Spielkumpan, beste Freundin und größter Rivale in einer Person sein. Während die Kinder in einem Moment noch friedlich miteinander oder wenigstens nebeneinander spielten, hauen sie sich im nächsten Augenblick schon sprichwörtlich oder im schlimmsten Fall wirklich die Köpfe ein. Doch egal, wie die Beziehung zwischen Geschwistern geprägt ist, sie sind eine wichtige Basis im Familienleben füreinander und sorgen nicht selten für Konstanz und Verlässlichkeit im Leben des jeweils anderen.

Und genau das ist jetzt ihre „Aufgabe", die sie wahrscheinlich von allein übernehmen. Bei seinen Geschwistern kann dein krankes Kind so sein, wie es vor der Krankheit war, ohne Sonderbehandlung (wenn das gesundheitlich möglich ist.) Unterstütze das, wo es geht. Und wenn die Geschwisterkinder Sorgen und Berührungsängste haben, versucht gemeinsam, diese abzubauen. Erkläre, dass es okay ist, wenn zwischen ihnen alles bleibt, wie immer. Dass das dem kranken Kind sehr guttut.

Wenn sich im gemeinsamen Spielen und im Alltag einiges ändert, macht gemeinsam Listen, was wie möglich ist, ohne dass sie zu große Angst voreinander oder vor der Krankheit haben und ohne dass sie überhaupt Rücksicht nehmen müssen. Schreibt zusammen auf, welche Spiele so wie immer möglich sind, was vielleicht auch gerade nicht geht oder wo die Kinder etwas aufpassen müssen. Das lässt sie in ihrem Spiel freier sein, weil sie sich nicht permanent rückversichern müssen, was sie nun tun „dürfen". Denn am Ende sollte das Verhältnis zwischen den Geschwistern dasjenige sein, welches sich am wenigsten ändert.

Meine Kinder haben sich schon immer viel gestritten. Permanent war der eine besser, der andere schlechter. Es war ein Wettkampf. Mit der Diagnose wollte ich, dass das aufhört. Schließlich müssen wir doch Rücksicht nehmen. Ich lag den Kindern so damit in den Ohren, dass wir alle nur genervt voneinander waren. Meine Therapeutin machte mich dann darauf aufmerksam, dass diese Wettkämpfe und das, was ich als „Streit" interpretierte, ihre Art des Miteinanders war. Sie waren schon immer so zusammen und ihnen das zu nehmen, würde zu viel verändern. Seitdem nehme ich es hin. Und siehe da: Mittlerweile haben sie viele harmonische Momente zusammen, ohne mein Zutun. Ihre Beziehung ist immer noch ein Wetteifern, aber oft eher Ansporn und Motivation.

▶ *Peggy, Sohn hat Multiple Sklerose*

Ja, Geschwister können aktiv in die Pflege oder Therapie des Kindes eingebunden werden – wenn alle das wünschen. Doch sobald ein beteiligtes Kind damit überfordert ist oder zeigt, dass es das nicht möchte, ist es der falsche Weg. Geschwister müssen keine Hilfstherapeut*innen sein, sofern es anders zu lösen ist. Viel wichtiger ist, dass du versuchst, die Geschwisterbeziehung in ihrer Normalität zu fördern, sodass die Schwester oder der Bruder eine möglichst unveränderte Konstante im Leben des chronisch kranken Kindes bleibt.

Räumliche Veränderungen

Nicht jede chronische Erkrankung bedarf zu Hause Veränderungen. Aber selbst wenn dort alles bleibt, wie es war, kann es kürzere und längere Klinikaufenthalte geben. Bereite beides gut mit deinen Kindern vor.

Umzug, Umbauten & Co.

Suchen Familien eine Wohnung, schauen sie in der Regel auf Größe, Zimmerzahl, Ausstattung oder die Entfernung zu naheliegenden Schulen, Einkaufsmöglichkeiten & Co. Vermutlich haben sie Rollstuhlgerechtigkeit, Barrierefreiheit oder genügend Anschlüsse für Geräte nicht im Blick. Diese Aspekte werden aber häufig wichtig, wenn plötzlich ein krankes Kind in der Familie lebt.

Um genau zu schauen, was wirklich nötig ist, um euer Familienleben so „normal" wie möglich zu leben und deinem Kind die größtmögliche Freiheit zu lassen, erkundige dich von Anfang an bei den zuständigen Ärzt*innen und Pfleger*innen: „Was kommt auf uns zu? Was brauchen wir wirklich?"

Die Anschaffungen und (wohnlichen) Veränderungen werden nicht schnell und einfach über die Bühne gehen und oft viel Geld kosten. Umso wichtiger, dass alle Beteiligten genau abwägen, was wirklich gemacht werden muss, ob ein Umzug nötig oder sinnvoll ist und welche finanziellen und strukturellen Hilfen es eventuell gibt. Oft werden Unterstützungen oder Hilfsmittel subventioniert oder von den Krankenkassen komplett übernommen. Was jetzt so simpel und logisch klingt, ist in der Umsetzung das genaue Gegenteil. Häufig ist der Weg zu finanzieller oder struktureller Unterstützung langwierig, aufwendig und nervenaufreibend. Es kann Rückschläge geben, die dich das Gesundheitssystem infrage stellen lassen und auch viele Kräfte binden, die eigentlich für euer Familienleben nötig sind. Hol dir deswegen so viel Hilfe wie nötig. Vor allem Kliniken haben oft Sozialarbeiter*innen, die dich bei Anträgen, Fragebögen und Gutachten unterstützen, sofern dein Kind dort in Behandlung ist. Nutze diese Hilfe vom ersten Moment an, denn vieles wird seine Zeit brauchen, bis es wirklich bewilligt, angeschafft oder angepasst ist. Und auch Ablehnungen sind nicht final und können angefochten werden. Die Sozialarbeiter*innen in Kliniken oder auch Verbänden haben oft die Erfahrung, die dir fehlt, weil sie diese Anträge und Verfahren bereits mehrmals durchlaufen haben. Dieses Wissen ist wertvoll. Zumal du vielleicht auch nicht genug Kraft und Zeit hast, um ein Widerspruchsverfahren aufzunehmen. Es gibt auch Verbände für Eltern chronisch kranker Kinder die dich diesbezüglich beraten können. Eine unvollständige Liste findest du ab Seite 173.

Neben diesen bürokratischen Fragen ist es gerade für deine Kinder wichtig, dass sich nur so viel wie nötig und so wenig wie möglich ändert. Das Zuhause-Gefühl soll erhalten bleiben und am besten so, wie alle es in der Familie kennen und schätzen. Ändere nichts einfach über Nacht und besprecht gemeinsam, warum und wie Veränderungen nötig sind. Oft ist das Verständnis dafür größer, wenn die Kinder mitentscheiden und vielleicht sogar selbst mitgestalten können.

Generell gilt auch in diesem Bereich: Mitnehmen, darüber reden, erklären und (wo möglich) gemeinsam entscheiden sind der richtige Weg. So fühlen sich am Ende in eurem „neuen alten“ Zuhause alle wohl.

Die Klinik als sicherer Ort

Heimischen Veränderungen gehen bei vielen chronischen Erkrankungen zahlreiche und/oder lange Klinikaufenthalte voran. Denn nicht jede Erkrankung ist mit den ersten Symptomen klar zu benennen oder zu behandeln. Einige Kinder sind länger in stationärer Behandlung und haben damit nicht selten einen zusätzlichen Ort, an dem sie viel Zeit verbringen.

Dieser Ort soll sich für dein Kind ebenso sicher und gut anfühlen, wie sein Zuhause. Das hat weniger mit Postern und Bildern an den Wänden zu tun, als mit dem Gefühl, dass es mit der Klinik, dem Zimmer und den Menschen dort verbindet.

Sicherlich lassen sich optisch Veränderungen vornehmen. Bilder von Freund*innen und Verwandten, Luftballons, Plüschtiere und Lieblingsspielzeuge sind ein Weg, etwas Gemütlichkeit in die doch tristeren Klinikzimmer zu bekommen. Aber damit ist es nicht getan. Das besagte Gefühl der Sicherheit entsteht durch vieles mehr.

So hat zum Beispiel das Personal einen wesentlichen Einfluss auf die Kinder der Station. Verbringen Familien eine längere Zeit dort, lernen sie viele Ärzt*innen und Pfleger*innen kennen und sehen, wie viel Zeit, Energie und auch Gefühl diese in ihre Arbeit stecken. Diese Energie spürt auch dein Kind und sie hat einen großen Anteil daran, ob es sich in der Klinik geborgen fühlt.

So fühlt sich dein Kind in der Klinik ein bisschen mehr wie zu Hause:

- Lasst das Krankenzimmer von den Freund*innen aus KiTa oder Schule gestalten. So haben alle Spaß und vor allem Abwechslung.
- Vielleicht dürft ihr notwendige Geräte wie Perfusor & Co. mit kleinen (leicht zu entfernenden) Aufklebern verschönern.

- Redet mit den für euch zuständigen Pfleger*innen und Ärzt*innen. Wie geht es ihnen? Haben sie Familie? Was machen sie am liebsten? Wenn eine Art Beziehung zu den Menschen um euch herum entsteht und das Kind diese wahrnimmt, fühlt es sich sicherer, weil es die Menschen ein bisschen besser kennt. Oft entsteht diese Verbindung auch von allein, denn Kinder möchten die Menschen um sie herum genau kennen.
- Binde dein Kind in die bevorstehenden Abläufe mit ein. Sag, welche Behandlung als nächstes ansteht und bereite es darauf vor. Je verlässlicher sich alle zeigen, umso sicherer fühlt sich dein Kind. Berücksichtige dabei aber auch, wenn es Angst vor bestimmten Behandlungen hat.
- Gibt es um euch andere Kinder in ähnlichen Situationen? Gemeinschaft und Freundschaft hilft nicht nur deinem Kind, sondern auch dir durch diese Zeit. Ein Austausch, in dem es um mehr als Dosierungen oder Behandlungen geht, ist wertvoll, aber selten im Klinikalltag. Vielleicht findet ihr Familien, die ebenso lange dort sein müssen und mit denen ihr euch zusammen tun könnt. Mal kurz aufs Kind schauen, zusammen essen oder spielen – das trägt enorm zum Sicherheitsgefühl bei.
- Haltet Kontakt nach Hause: Dank Videotelefonie können sich alle in der Familie regelmäßig sehen. Das ist nicht nur gut für den Teil, der in der Klinik ist. Auch Geschwister, die zu Hause sind, bekommen so eine Vorstellung vom Klinikalltag. Denn die Vorstellung und Fantasie der Geschwisterkinder vom Krankenhaus reicht von „Schlaraffenland“ bis zu „Ort des Schreckens“.

DEIN UMFELD

*Eine Familie besteht oft nicht nur aus Eltern und Kindern. Neben Verwandten können auch Freund*innen und Nachbar*innen enge Bezugspersonen sein. Sie sind ebenso betroffen von der Diagnose und dem zukünftigen Weg deines chronisch kranken Kindes und eurer Familie. Sie sorgen sich und möchten unterstützen. Das kann eine enorme Hilfe und Entlastung im Alltag sein. Trau dich, darum zu bitten und deine Bedürfnisse zu artikulieren.*

Die schlechte Nachricht überbringen

Sind wir ehrlich: Eine eventuell sogar bedrohliche, aber definitiv einschneidende Diagnose fürs eigne Kind zu bekommen, ist unfassbar schwierig. Du bist selbst auf einmal mit Gefühlen und Gedanken konfrontiert, die du dir in deinem Leben nie vorgestellt hast. Allein der Umgang damit ist eine Mammutaufgabe. Aber ab einem gewissen Punkt sind nicht mehr nur die eigenen Gefühle beziehungsweise die deiner engen Familie relevant. Es kommt der Moment, an dem auch andere Bescheid wissen und eingeweiht werden sollten. Egal ob Freund*innen oder Familie, sie werden mit eurer Geschichte eigene Emotionen verbinden und das wird nicht spurlos an euch vorrübergehen. Das ist schwer, aber unvermeidbar. Auch hier gilt: Alle Gefühle sind okay und dürfen da sein. Sie müssen raus. Doch du kannst versuchen, etwas gegenzusteuern, klare Regeln festzulegen und für dich zu entscheiden, wer wie viel wissen soll und was ihr für euch als Familie braucht.

Andere einweihen: Wann, wen, wie?

Ich hatte schon in der ersten Klinik mit ungewisser Diagnose eine Standleitung zu meinen zwei besten Freundinnen. Sie wussten alles direkt, weil ich spürte, es muss raus. Sie waren da, haben zugehört und mich virtuell umarmt. Den Großeltern haben wir es einige Tage später persönlich gesagt, in Ruhe und mit allen Details. Weil da das Wissen und Vorgehen wichtiger war, meine Gefühle hatte ich bis dahin schon fast im Griff.

▶ *Peggy, Sohn hat Multiple Sklerose*

Jeder Mensch tickt anders, wenn es um Beziehungen zu Freund*innen oder Verwandten geht. Jede Familie funktioniert auf ihre eigene Weise und ihre Mitglieder haben unterschiedlich starke Bande zueinander. All das wird nun auch die vor euch liegende Zeit beeinflussen, prägen und – leider – auch verändern. Deswegen gibt es hier kein Patentrezept, wann und ob ihr es Großeltern, dem Rest der Familie oder engen Freund*innen sagt, denn niemand kennt die Menschen um euch besser als ihr selbst. Manche sprechen schon wenige Sekunden nach dem ersten Arztbesuch mit den Menschen, die ihnen wichtig sind. Andere brauchen Zeit und Abstand, um erstmal selbst mit der Botschaft klar zu kommen. Wichtig ist in erster Linie: Wie fühlt es sich für dich an, anderen von der chronischen Erkrankung oder eurem Weg zur Diagnose zu erzählen?

WEN WILLST DU EINWEIHEN?

Weil der Zeitpunkt und Grad der Einbindung für jede Familie individuell ist, kann es hier kein Richtig oder Falsch geben. Dennoch kannst du dir über einige Fragen vorher Gedanken machen, um festzulegen, wen ihr einweiht.

- *Welchen Menschen liegt dein Kind und ihr als Familie so sehr am Herzen, dass sie es sicherlich wissen möchten?*
- *Wer muss es wissen, um zu verstehen, warum es bei und mit euch gerade nicht mehr so ist, wie vorher?*
- *Wessen Hilfe brauchst du/braucht dein Kind gerade oder auch perspektivisch? Dazu können auch Eltern im Kindergarten oder der Schule, Nachbar*innen oder Bekannte gehören.*
- *Bei äußerlichen und klar erkennbaren Veränderungen: Wen musst du darauf vorbereiten, damit die Reaktionen gefasst ausfallen?*

Über die Frage, wessen Hilfe du benötigst, kannst du lange grübeln. Dabei fängt Hilfe für betroffene Familie relativ früh an. Denn oft bist du zwischen Klinik und Zuhause so eingespannt, dass zum Beispiel nicht einmal Kraft oder Zeit für eine gute Mahlzeit bleibt. Es kann also auch organisatorische Hilfe sein, die dich weiterbringt. Dafür müssen die Menschen um euch aber wissen, was in eurer Familie gerade passiert. Denn du kennst das sicher selbst, dein Alltag hat dich oft so sehr im Griff, dass du nicht immer und sofort mitbekommst, was bei anderen passiert. Vielleicht machst du dir eine Liste mit Menschen, die euch helfen und unterstützen könnten. Diese sollten dann auch Bescheid wissen, um entsprechend handeln zu können.

*Unserem Sohn stand wegen seiner fortgeschrittenen Krebserkrankung eine Entfernung des Auges bevor, ein definitiv sichtbarer Eingriff. Ob eine Chemotherapie folgte, wussten wir noch nicht. Aber auch die hätte ihn optisch verändert. Wir haben unsere Nachbar*innen und Freund*innen in der KiTa ab einem gewissen Punkt eingeweiht, sodass sie selbst und ihre Kinder darauf vorbereitet waren. Niemand sollte sich vor unserem Sohn überrascht oder erschreckend äußern und so blieben erklärungssuchende Fragen für den ersten Moment aus. Das hat funktioniert: Alle haben ihn behandelt wie immer. Das hat unser Kind so stark gemacht, dass es sich selbst niemals als „optisch anders" wahrnahm. Im Gegenteil, er selbst musste andere manchmal daran erinnern, dass er gewisse Dinge nicht so kann, weil er nicht alles sieht.*

▶ *Susanne, Sohn hatte ein unilaterales Retinoblastom*

Die Frage nach dem „Wie?" ist ebenso individuell. Du musst wissen, ob du darüber reden kannst oder ob deine eigenen Ängste und Emotionen dich auch nach außen stark bestimmen. Auch das ist okay. Doch wenn du viel weinst und kaum klar äußern kannst, was passiert, ist es vielleicht besser, andere Menschen schriftlich einzuweihen. Sei es per SMS/Messenger, E-Mail oder auch via Brief. Du kannst alle Fakten sammeln, deine Botschaft platzieren und sogar Wünsche oder Bedürfnisse äußern, wenn es zum Beispiel um konkrete Hilfe geht oder aber auch um Abstand. Auf schriftlichem Weg bist du zunächst von den Reaktionen der anderen geschützt, weil du sie nicht siehst. Das kann dir helfen. Auf der anderen Seite ist es aber für die Freund*innen und Verwandten schwer, das zu verstehen. Erkläre, warum du gerade nicht sprechen kannst und warum du diesen Weg nimmst. Das macht es für die anderen einfacher, es dir nicht übel zu nehmen. Willst du es lieber persönlich erzählen, vielleicht auch

Details besprechen, ist es gut, einen ruhigen Moment zu wählen. Egal ob am Telefon oder in Person: Bitte um etwas Zeit und Ruhe zum Reden. Lege vielleicht vorher fest, dass du zunächst reden möchtest, ohne unterbrochen zu werden. Wenn du Wünsche oder Unterstützungsideen hast, benenne sie klar und mache deinem Gegenüber ein Angebot. „Ich wünsche mir, dass du für uns da bist. Unser Sohn wird viel untersucht werden. Vielleicht kannst du uns einmal in der Woche Bücher und Spiele schicken, dass er Beschäftigung hat." Doch, soviel Ehrlichkeit muss sein, du wirst zu Beginn nicht viele Ideen und Kraft haben, nach Hilfe und Unterstützung zu fragen. Einfach, weil du deine Energie in andere Bereiche steckst. Mehr zu Hilfe für Familien in der ersten Zeit, speziell für alle, die helfen wollen, findest du im Kapitel „Es braucht ein Dorf" (S. 120).

Der Umgang mit fremden Emotionen

Ich werde nie den Nachmittag auf dem Spielplatz vergessen. Ich war nach langer Klinikzeit mit den Kindern im Park und wir trafen eine Mutter aus der KiTa. Sie fragte beiläufig, wie es uns geht und wo wir so lange waren. Bevor ich antworten konnte, sagte meine sechsjährige Tochter: „Ach Mama und Finn waren im Krankenhaus. Finn hat Krebs, aber bald ist der weg."
Und ehe ich mich versah tröstete ich eine nahezu fremde Frau mit ihren Gefühlen, die verständlicherweise bei Eltern ausgelöst werden, wenn sie von schwer kranken Kindern hören.

▶ *Susanne, Sohn hatte ein unilaterales Retinoblastom.*

Die eigenen Gefühle zu erleben und einen Umgang mit ihnen zu finden ist belastend. Ab einem gewissen Punkt prasseln dann noch Gefühle von außen auf dich ein, wie das Beispiel von Susanne und

Finn zeigt. Diese Emotionen gehen natürlich nicht spurlos an Eltern vorbei, die selbst gerade mit ihren eigenen hadern. Aber der Umgang mit den eigenen Gefühlen und mit denen von anderen, teils fremden Menschen, wird leichter. Es wird der Moment kommen, an dem du die Diagnose und auch die Behandlung deines Kindes ein Stück weit akzeptiert hast. Du hast viele Emotionen einmal durchlebt und einen eigenen Weg des Umgangs damit gefunden. Fremde Emotionen kannst du deshalb besser begleiten, aber sie werden dich nie kalt lassen. Wie auch? Schließlich geht es um die Gesundheit deines Kindes. Und genau dieser Gedanke ist es, der helfen kann, mit den Reaktionen der anderen umzugehen.

> *Viele Menschen brachten uns Mitleid entgegen. Ich konnte die ganzen „Oh, nein, wie traurig“ und „Das tut mir aber leid“ nicht mehr hören. Gute Freund*innen fragten uns konkret, wie sie uns unterstützen können. DAS waren die Reaktionen, die wir wirklich brauchten.*
> *▶ Ulrike, Tochter hat Osteogenesis imperfecta/Glasknochenkrankheit*

Leid und Krankheit von Kindern sind Themen, auf die die meisten Menschen impulsiv und emotional reagieren. Und zusätzlich spielt ein Faktor eine Rolle, der für dich oft komplett unsichtbar ist: die Vergangenheit deines Gegenübers. Wir wissen nicht, wie in dessen Kindheit mit Krankheit, Leid und Gefühlen umgegangen wurde. Wir haben keine Ahnung, ob er oder sie vielleicht durch einen eigenen Verlust getriggert wird. Selbst bei guten Freund*innen kann unsere Geschichte etwas hervorholen, von dem wir bisher nicht wussten. Oder sie fühlen sich einfach überfordert. Sie haben Angst, etwas Falsches zu sagen oder falsch zu reagieren. Einigen fällt es zudem schwer, sich ausreichend vom Thema abzugrenzen, vor allem anderen Eltern.

Sie haben Sorge, dass ihre eigene Stimmung darunter leidet, und müssen sich unter Umständen erstmal – gedanklich oder räumlich – entfernen, um für sich damit klar zukommen. Doch egal, was in den anderen ausgelöst werden kann, es soll dich nicht davon abhalten, dich ihnen zu öffnen. Denn ihre Gefühle sind nicht deine Baustelle!

Als wir mit unserem Sohn in die Klinik mussten, um überhaupt herauszufinden, was ihm fehlt, hat das eine Freundin mitbekommen. Sie hat mich und meinen Mann mit SMS bombardiert, in denen sie ihren Ängsten und Gefühlen freien Lauf ließ. Sie brachte sogar Vorwürfe, dass wir sie ausschließen würden in dieser Zeit. Dabei wussten wir doch selbst nicht, was auf uns zukommt und was da gerade passiert. Das hat mich so mitgenommen, dass ich den Kontakt abgebrochen habe. Ich hatte keine Kraft dafür, auch noch ihre Emotionen zu managen.
Peggy, Sohn hat Multiple Sklerose

Wenn du dich bewusst und reflektiert mit Freund*innen oder Verwandten hinsetzt, um sie über dein Kind aufzuklären, helfen einleitende Worte, wie zum Beispiel: „Das, was ich euch nun sage, ist schwer und wird euch erst mal mitnehmen. Das weiß ich." Denn oft werden sich Außenstehende ob ihrer starken Reaktionen lächerlich vorkommen, denn sie sind dem Kind meist nicht so nahe wie du. Es ist auch normal, wenn erst einmal gar nichts kommt. Vor allem Menschen älterer Generationen versuchen, ihre Emotionen nicht zu zeigen oder gar ganz zu unterdrücken. Wie eine Person reagiert, sagt nichts über ihre Beziehung zu deinem Kind aus. Denn oft werden Menschen durch Botschaften zu (chronischen) Erkrankungen mit tiefsitzenden Glaubenssätzen konfrontiert, wie „Zeige keine Schwäche" oder „Du musst stark sein". Das ist vielleicht nicht die Reaktion, die du erwartet hast, aber grundsätzlich gilt: Grenze dich davon ab!

Du brauchst gerade alle Kraft für dich und dein Kind, um gemeinsam und stark durch diese Zeit zu gehen. Lass sie dir nicht von anderen Menschen rauben.

KONTAKTE RUHEN LASSEN

Es ist möglich, dass Menschen sich und ihre Reaktionen nicht reflektieren und angemessen äußern können. Wenn es zu viel für dich ist, dass andere permanenten Kontakt suchen oder sich unpassend äußern, dann ist es vollkommen richtig, den Kontakt (vorübergehend) abzubrechen. Deine Kraft und deine Zeit sind begrenzt. Auf Platz 1 deiner Prioritätenliste stehen du und deine Familie, nicht zeit- und energiefressende Menschen aus eurem Umfeld. Willst du dennoch den Kontakt zu diesen Menschen langfristig nicht verlieren, formuliere das klar. Vielleicht hilft dir auch ein*e gute*r Freund*in, Personen in eurem Umfeld über das Geschehen bei euch auf dem Laufenden zu halten, ohne dass du von deren Reaktionen und Gefühlen beansprucht wirst.

Erwartungen an dich und andere

Die Reaktionen der anderen können vielfältig sein. Von Bestürzung und Traurigkeit, über Aktionismus und Hilfsangebote bis zu Funkstille ist alles drin. Sich dessen schon vor der Kommunikation bewusst zu sein, hilft etwas über etwaige Enttäuschungen hinweg. Diese werden zwar nicht ausbleiben, aber es kann helfen, schon vorher zu verinnerlichen, dass nicht jede*r mitfühlend und hilfsbereit reagieren wird.

Vielleicht hilft es dir auch, in deine Vergangenheit zu schauen. Gab es schon mal Diagnosen und Krankheiten in eurem Umfeld und wie habt ihr darauf reagiert? Wie fühlst du dich heute damit? Diese Frage soll nicht dazu führen, dass du dich im Nachhinein schlecht fühlst. Sie soll einfach verdeutlichen, dass nicht jede*r weiß, was er*sie in diesem Moment tun kann und was richtig ist. Denn – Überraschung – eine komplett richtige Reaktion gibt es nicht. Und du darfst nicht vergessen, dass alle auch ein eigenes Leben führen, mit ihren eigenen Problemen.

> *Die wohl wichtigste Lektion aus der ersten Zeit mit der Krebsdiagnose unserer Tochter: Meine Welt steht gefühlt still, aber die der anderen dreht sich weiter. Das zu verstehen, war gut, aber es tat auch unendlich weh. Denn klar wollte ich nicht, dass mein Kind durch so viel Leid muss.*
>
> ▶ *Jan, Tochter hatte ein Neuroblastom*

Genau deshalb sollte sich Unterstützung auf so viele Schultern wie möglich, und für euch als Familie angenehm, verteilen. Vielleicht findet sich eine Freundin oder ein Freund, die*der eine Messenger-Gruppe einrichtet, um Hilfsangebote bestmöglich zu koordinieren. Das ist Aufwand, aber für alle Beteiligten eine enorme Entlastung.

Ihr werdet als Familie nicht nur Anteilnahme und Hilfe erfahren, sondern auch Mitleid. Das ist nicht immer angenehm, Menschen schauen, sie fragen dich mit einem leidigen Unterton nach eurem Befinden oder aber, „ob es etwas Neues gibt." Dahinter steckt oft Unsicherheit, dein Gegenüber ist sich gar nicht bewusst, wie sehr solche Worte treffen. Wenn dich Reaktionen stören, wage es, das anzusprechen. Denn in den seltensten Fällen will dich jemand absichtlich verletzten.

Auch wenn man am liebsten immer alles allein stemmen will: Es ist okay, sich helfen zu lassen. Und Nein zu sagen ist auch total okay! Man darf auch Besuch rauswerfen, wenn es einem zu viel wird.

▶ *Josefine, Kinder haben lymphoblastische Leukämie sowie ADHS und Asthma*

Vielleicht gibt es auch Menschen, die gerne für euch da sein möchten, sich aber nicht trauen, Kontakt zu halten. Nicht unbedingt aus Unsicherheit, sondern eher, weil sie euch nicht zusätzlich zur Last fallen möchten. Diese Menschen sind sicherlich dankbar, wenn du deine Erwartungshaltung ihnen gegenüber und die Möglichkeiten, Kontakt zu halten, klar formulierst. Denn du wirst nicht mit allen Menschen um euch permanent in Austausch sein und sie auf dem Laufenden halten können. Sprich das klar an! Nur so wissen eure Freund*innen, dass ihr gerne Kontakt möchtet, aber nicht immer Zeit und Kraft dafür habt. Thematisiere auch, dass Funkstille deinerseits klare Gründe wie Kraftlosigkeit, Zeitmangel oder Vergesslichkeit haben kann, und eine kleine Erinnerung nicht nervt. Denn nicht immer hast du die Chance, sofort auf eintreffende Nachrichten zu antworten oder ans Telefon zu gehen. Bleibt eine Nachricht dann eine Weile unbeantwortet im Posteingang, rutscht sie auf der Prioritätenliste nach unten und wird oft (unbeabsichtigt) vergessen. Gute Freund*innen, die euch in dieser Zeit helfen und begleiten möchten, werden das verstehen und respektieren. Aber es gibt auch die, die dafür kein Verständnis haben.

Beziehungen verändern sich

Es gibt immer Menschen, die einen im Leben begleiten. Manche schon sehr lange, andere wiederum erst seit Kurzem. Doch wie eng Beziehungen zu Freund*innen und auch Familienmitgliedern wirklich sind, zeigt sich oft erst in schwierigen Zeiten. Damit ist nicht nur gemeint, dass Verbindungen abgebrochen werden. Häufig entstehen in dunklen Zeiten wichtige Freundschaften, die einen ein Leben lang begleiten und vor allem in der Anfangszeit viel Kraft schenken.

Nicht jede*r kommt mit Krisen klar

Selbst wenn du für dich den Anspruch hast, Freund*innen in Not zur Seite zu stehen und sie zu unterstützen, haben diesen Anspruch nicht alle Menschen. Und selbst wenn sie ihn hätten, manche können ihren Wunsch nicht in die Tat umsetzen. Sei es aus Angst vor ihren eigenen Gefühlen, aufgrund von Erinnerungen an eine erlebte Tragödie oder aus vermeintlichem Respekt, weil sie Distanz wahren möchten und so weiter. Nicht jede*r aus deinem Umfeld wird mit der chronischen Erkrankung deines Kindes liebevoll und unterstützend umgehen. Im Gegenteil. Es wird leider Menschen geben, zu denen sich die Beziehung oder Freundschaft aufgrund dessen komplett verändern wird. Und so hart es auch klingen mag: Manche Beziehungen werden daran zerbrechen. Es wird Personen gehen, die du vorher für wichtige Bezugspersonen in deinem Leben und dem deines Kindes gehalten hast, die jetzt nicht mehr für dich da sind. Du wirst Seiten an Menschen kennenlernen, die du nie für möglich hieltest. Die Bandbreite (negativer) Reaktionen ist groß. Wie weiter oben schon beschrieben, können manche Menschen keine angemessene Distanz zu dir und deinen Gefühlen wahren. Andere dagegen bauen so eine große Distanz zu dir auf, dass du dich fragen könntest, ob du mit diesen Menschen jemals eine Verbindung hattest. Und wieder andere verschwinden sang und klanglos. **Egal, wie und warum Menschen ihre Verbindungen zu euch abbrechen: Nimm es nicht persönlich, selbst wenn du vielleicht im Eifer deiner Gefühle emotional reagiert hast.** Nicht jeder Mensch kommt mit eurer Lebenssituation klar. Und in den meisten Fällen reagieren diese Menschen nicht so, weil sie dir und deiner Familie etwas Böses wollen oder euch wehtun möchten. Oft ist es eine Art Selbstschutz, um nicht in eigenen belastenden Gefühlen unterzugehen.

Mittlerweile lache ich darüber und kann es auch mit Humor nehmen, aber zu Beginn hat es mich sehr mitgenommen. Heute kann ich mit einem Augenzwinkern sagen: Nichts hat meinen Freundes- und Bekanntenkreis so leergefegt, aufgeräumt und geordnet wie die MS-Erkrankung meines Sohnes. Das war erst hart und schwer, aber mittlerweile weiß ich, dass ich mich auf die Menschen um uns zu tausend Prozent verlassen kann.

▶ Peggy, Sohn hat Multiple Sklerose

Wenn Menschen sich verabschieden

Dass Freund*innen und Bekannte es nicht verkraften werden, dass dein Kind chronisch krank ist, kannst du nicht ändern. Die Frage, die sich für dich stellt, ist: Wie gehst du damit um? Wahrscheinlich wirst du es im ersten Moment auch gar nicht wahrnehmen, denn deine Gedanken sind verständlicherweise ganz woanders. Doch nach und nach wird sichtbar, wer noch bei euch ist, sich kümmert und den Kontakt hält.

> *Am schlimmsten war für mich jedoch die Einsamkeit mit der Diagnose. Alle zogen sich zurück, weil mir niemand zu nahe treten wollte. Gleichzeitig merkte ich, wie mein Umfeld sich austauschte, Halbwahrheiten verbreitete und miteinander, aber nicht mit mir, redete.*
>
> ▶ *Jessika, Tochter hat eine Pulmonalatresie und ein hypoplastisches Rechtsherzsyndrom sowie eine Mitralklappeninsuffizienz*

Du kannst den Umstand, dass manche Menschen nicht mehr zu eurem engeren Freundeskreis gehören, nicht beeinflussen. Einige erklären, dass ihnen der Kontakt gerade schwerfällt, weil sie zum Beispiel selbst gerade eine schwere Zeit haben und deswegen wenig Energie für euch. Das ist eine nachvollziehbare, klare und hilfreiche Ansage.

Aber einige werden auch verschwinden, ohne erklärende Worte. Das liegt mitunter daran, dass es in unserer Kultur oft noch ein Tabu ist, über Krankheiten, Verlust und Schmerz zu reden. Um dem zu entgehen, ziehen sich viele Menschen zurück. Sie haben dabei nicht unbedingt Angst vor deinen Emotionen oder denen deines Kindes, sie wissen sehr wahrscheinlich selbst nicht mit ihren eigenen Gedanken und Gefühlen umzugehen.

So schwer es fällt und so weh es auch tut, wenn sich Freund*innen oder Familienmitglieder zurückziehen: Das liegt nicht in deiner Hand. Du musst es akzeptieren und deine Schlüsse daraus ziehen. Wenigstens weißt du jetzt, wer stark genug ist, um mit eurer Lage umzugehen. Vielleicht kommen noch schwierigere Zeiten auf dich zu, dann wirst du froh sein, zu wissen, auf wen du dich verlassen kannst.

IM GESPRÄCH BLEIBEN

Es wird auch Freund*innen oder Verwandte geben, die sich ihre Distanz und Berührungsangst selbst nicht erklären können. Die den Kontakt abgebrochen haben, nicht mehr auf Anrufe reagiert haben und dennoch in eurem Leben bleiben möchten. Sofern du das merkst und dir die Freundschaft am Herzen liegt, hilft es allen Beteiligten, klar darüber zu reden. Vielleicht ist die Hemmschwelle zu groß oder der Gedanke, dir mit dem Kontakt zur Last zu fallen. Manche Menschen, die mit eurer Geschichte nicht umgehen können, brauchen auch einfach nur Hilfe: Suche den Kontakt, stelle ihnen Fragen, halte die Verbindung. Erst wenn sie auch auf aktive Nachrichten deinerseits nicht reagieren oder eingehen, dann ist es vielleicht an der Zeit, über diese Freundschaft nachzudenken, wenn du dazu Zeit und Kraft hast.

Dass sich Menschen zurückziehen, wird dir nach und nach auffallen, wenn du merkst, dass sich jemand schon lange nicht mehr gemeldet hat. Die Frage, die du dir – unabhängig der bisherigen Beziehung zur Person und ihrem Umgang mit eurer Situation – gemeinsam mit deiner Familie stellen musst, ist: Möchtet ihr gerade jetzt Menschen um euch, die euch nicht guttun? Die Antwort auf diese Frage hilft dir, klare Entscheidungen zu treffen. Dabei geht es nicht einmal zwingend darum, dass ihr dauerhaft und für immer keinen Kontakt mehr zueinander habt. Freundschaften müssen nicht komplett zerbrechen, manchmal machen sie auch eine Pause.

Wir waren viel und lange in der Klinik. In der gesamten Zeit gab es einige Freunde und Familienmitglieder, die uns den Rücken zukehrten. Ich habe es gemerkt, es hat mich traurig gemacht. Aber ich habe sie gelassen, denn dann wollten sie wohl kein Teil unseres Lebens mehr sein. Monate später haben sich drei dieser Menschen bei mir für ihr Verhalten entschuldigt. Ohne dass ich etwas gesagt oder getan habe. Offenbar hat sie das sehr beschäftigt. Unsere Beziehung ist nicht mehr so wie früher, aber wir finden unseren Weg zusammen.

▶ *Jan, Tochter hatte ein Neuroblastom*

Neue Freund*innen auf deinem Weg

Jetzt mal zu einer guten Seite der ganzen Sache: Mit großer Wahrscheinlichkeit wirst du Menschen in dein Leben lassen, die es bereichern, besser machen und die du nicht mehr missen willst. Egal, ob diese Menschen schon in der Familie waren, entfernte Bekannte oder Nachbar*innen sind, ihr knüpft neue Bande. Es gibt genügend Leute, die mit eurer Situation umgehen können. Sie haben vielleicht selbst schon schwere Schicksalsschläge erlebt und wissen, wie wichtig ein offenes Ohr, eine Schulter zum Ausweinen und aufrichtige Hilfe sind. Und selbst wenn das noch nicht jede*r selbst erfahren musste, können Menschen für dich und dein Kind da sein, die du vorher nicht auf dem Schirm hattest.

Oft entstehen Verbindungen auch durch gemeinsame Erfahrungen und, wie im Falle chronischer Erkrankungen bei deinem Kind, durch ähnliche Schicksalsschläge. Nicht selten finden sich neue Freundschaften in der Klinik, im gleichen Krankenzimmer oder im Wartezimmer. Selbst wenn sich diese Menschen nicht sofort als Freund*innen fürs Leben entpuppen, so sind sie doch wichtige Wegbegleiter*innen auf diesem Lebensabschnitt. Sie können helfen; mit Ratschlägen, Erfahrung und Mitgefühl. Welcher Arzt geht am besten auf die Kinder ein? Welche Pflegerin misst am besten den Insulinspiegel bei Kleinkindern? Welche Ärztin animiert die Kinder spielerisch beim Lungenfunktionstest? Wo gibt es den besten Kaffee für müde Eltern und wer kann dir vielleicht einen mitbringen? Sei offen für diesen Austausch. Auch Ärzt*innen können zu diesen Wegbegleitern werden und damit immer einen besonderen Stellenwert im Leben deines Kindes einnehmen.

Ich werde nie das erste Gespräch mit den Ärzten vergessen. Ein Satz blieb besonders hängen: „Gewöhnen Sie sich an uns. Wir gehören ab jetzt zur Familie." Und darum bin ich sehr froh, denn sie sind bei allen Fragen und Unsicherheiten sofort da.

▶ Franzi, Tochter hat Mukoviszidose

Es braucht ein Dorf: Tipps für alle, die helfen wollen

Wer holt die Geschwister vom Kindergarten ab, wenn ich mit dem chronisch kranken Kind in der Klinik bin? Was gibt es zum Abendessen nach einem Tag voll Untersuchungen und Familienmanagement? Wie fällt uns an langen Tagen in der Klinik nicht die Decke auf den Kopf? Haben wir überhaupt noch saubere Wäsche im Schrank?

Das sind nur einige wenige der vielen Fragen, die Eltern neben den gesundheitlichen Sorgen um ihr Kind durch den Kopf gehen. Denn das restliche Leben steht nicht still. Der Haushalt muss geführt werden, die Arbeit erledigt und vieles mehr. Hilfe ist also unerlässlich und kann für betroffene Familien eine starke Stütze sein. Diese Hilfe allerdings einzufordern, gezielt danach zu fragen, fällt nicht immer leicht. Das liegt nicht am Stolz, sondern viel mehr daran, dass wenige Kapazitäten frei sind, Hilfe und Angebote zu koordinieren oder überhaupt danach zu fragen.

Was brauchen Eltern wirklich?

Ich hätte mir damals gewünscht, gefragt zu werden, wie es mir geht und was ich brauche, nicht nur mein Baby. Es ging nur noch um den Herzfehler und sämtliche Optionen. Ich selbst bin komplett dahinter verschwunden.

▶ Jessika, Tochter hat eine Pulmonalatresie und ein hypoplastisches Rechtsherzsyndrom sowie eine Mitralklappeninsuffizienz

Diese Frage lässt sich leider nicht pauschal beantworten, da das Leben und die damit verbundenen Bedürfnisse von Familien so individuell sind. Sie unterscheiden sich schon allein darin, ob es noch weitere Kinder oder Angehörige im Haushalt gibt, was die Eltern beruflich machen oder wie sie generell zusammen leben. Die Antwort kann also nur so individuell ausfallen, wie das Schicksal und Leben einer jeden Familie. Was den einen hilft, kann für andere eine Last sein. Was die einen nervt, kann genau das Richtige für die anderen sein.

Versuchen wir uns trotzdem an einer möglichst konkreten Antwort: Hör und schau hin, was Eltern chronisch kranker Kinder in der ersten Zeit brauchen. Häufig fällt, ganz ernst und aufrichtig gemeint, folgender Satz: „Wenn du etwas brauchst, melde dich bitte!" Diese Aufforderung kann Eltern je nach Diagnose und aktueller Lage aber überfordern. Sei aufmerksam und werde konkret. Wenn Freundschaften in solchen Extremsituationen in Schwierigkeiten geraten, heißt es oft: „Du hast ja damals nichts gesagt, ich wäre da gewesen!" Sei da! Hilfe anzubieten ist eine gutgemeinte und aufrichtige Geste. Sie soll zeigen: Du bist nicht allein, ich bin da. Familien in einer Krise fühlen sich oft in freiem Fall. Ihr Leben stellt sich auf den Kopf. Sie bitten vielleicht nicht von sich aus um Hilfe, denn sie möchten niemanden mitreißen oder zur Last fallen. Im Gegenteil: Sie wollen nach außen hin stark wirken. Nicht nur, um ein Bild zu wahren, sondern auch ein Stück weit für sich selbst. „Werde ich als stark wahrgenommen, dann bin ich es wahrscheinlich auch." Schwäche ist in der heutigen Gesellschaft immer noch mit Scham besetzt. Doch warum darf keine Schwäche gezeigt werden, erst recht, wenn das eigene Kind gerade eine schwere Zeit durchlebt?

Neben struktureller und organisatorischer Hilfe ist es für viele Eltern auch gut, wenn du dich nach ihnen erkundigst. Die aufrichtige Frage

„Wie geht es *dir* denn?“ kann helfen, denn oft dreht es sich in der ersten Zeit alles um das Wohl des Kindes. Aber Eltern müssen sich nicht nur ihren Ängste stellen, sondern sie sehen und erleben auch Dinge, die sie niemals erleben wollten. Darüber zu sprechen und jemanden zu haben, der aufrichtig zuhört und sich Zeit nimmt, ist eine Hilfe für die Familie.

Die meisten Betroffenen sind froh über eine Schulter zum Anlehnen und ein Ohr zum Ausweinen. Viele Menschen können das nicht leisten, sind von der Wucht ihrer Emotionen selbst getroffen und kämpfen mit ihren eigenen Ängsten. Wenn du also die Kraft hast, biete deine Hilfe an. Aber dräng dich nicht auf. Manche Eltern möchten nach außen weiterhin so leben, als wäre nichts. Sie möchten von den Urlauben ihrer Freund*innen lesen, am Schulalltag des Patenkindes teilhaben oder zuhören, wenn sich die Trauzeugin über den Streit mit ihrem Partner auskotzt. Dann mach einfach, was du immer getan hast, und sorge für Stabilität.

Wie kann Hilfe aussehen?

Nun hat aber nicht jede*r die Möglichkeit, die Familie öfter zu sehen, oder du kennst sie gar nicht lange genug, um zu wissen, was sie braucht. Hilfe muss aber auch nicht immer zu hundert Prozent auf die Familie zugeschnitten sein. Wiederkehrende Gesten und Gedanken signalisieren: „Ihr seid nicht allein“ und erleichtern es den Betroffenen, Hilfe einzufordern.

10 Tipps, wie du helfen kannst:

1. **Je konkreter das Angebot ist, umso eher wird es angenommen.** Biete aber nur Hilfe an, die du auch wirklich leisten kannst. Das können einfache Dinge sein, die aber eine große Entlastung

darstellen: Einkäufe erledigen, die Kinder mit auf den Spielplatz nehmen, Essen vorbeibringen ...

2. Nicht immer sind alle zu Hause oder bereit für Besuch und Gespräche. Klingle kurz, stellt einen Kuchen vor die Tür. **Kleine Aufmerksamkeiten** für alle in der Familie heben die Stimmung und sind ein tolles Signal: Ihr seid nicht allein.
3. Auch ein **kurzer Besuch in der Klinik** kann helfen, wenn er vorher abgestimmt ist. Ein frischer Kaffee, leckeres Essen, ein schönes Buch oder neue Spiele und Bücher für das Kind sind eine gute Abwechslung zum sonst oft gleichbleibenden Klinikalltag. Stimme dich am besten mit anderen Helfer*innen ab, was Besuchszeiten und Mitbringsel angeht.
4. Oft zeichnet sich schon am ersten Tag ab: Patient*innen in einer Klinik oder bei Fachärzt*innen verbringen sehr viel Zeit mit Warten. Gerade für Kinder kann das schwer sein, denn viele Kliniken und Praxen sind nicht darauf ausgerichtet. Ein **„Anti-Langeweile-Paket“** für das kranke Kind kann Wunder wirken. Egal ob Spiele oder Bücher, alles, was neu ist, kann die Wartezeit überbrücken. Stelle zum Beispiel eine kleine Kiste zusammen, aus der nach und nach Dinge gezaubert werden können.
5. Viele Menschen haben Angst, betroffene Familien zu fragen, wie der aktuelle Stand ist, wie es ihnen und dem Kind geht, was nun passiert. Sie wollen nicht nerven. Betroffene Eltern auf der anderen Seite möchten niemanden mit Details und ständigen Updates nerven. Es entsteht ein Teufelskreis aus Schweigen, der niemandem hilft. Um dieses Missverständnis zu vermeiden: **Frag nach!** Wie es geht dem Kind? Was passiert als nächstes? Sei aber nachsichtig, wenn keine oder verspätete Antworten kommen. Die Familie hat sicherlich gerade einiges zu tun.
6. Gerade in Zeiten immer schnellerer und digitaler Kommunikation ist es wohl eine der schönsten Arten, an jemanden zu denken:

Eine Postkarte oder ein Brief. Vor allem, wenn du nicht um die Ecke wohnst und nur aus der Ferne helfen kannst. Gute Gedanken geben der Familie das Gefühl, nicht allein zu sein. Vielleicht findest du Postkarten mit helfenden Affirmationen, die sich die Familie aufhängen kann.

7. Etwas, woran viele nicht denken, was aber wahnsinnig hilfreich ist: **Gib Raum!** Wenn du in der Nähe wohnst, sei für die Eltern da: zum Reden, auch zum Weinen, Schreien oder Schweigen. Zu Hause müssen sie Emotionen doch immer wieder filtern und manchmal auch für sich behalten. Sie wollen Ängste nicht auf die Geschwister oder das kranke Kind übertragen. Allein das Wissen darum, einen Rückzugsort zu haben, wo all die Emotionen raus dürfen, kann Eltern entlasten.
8. **Schenke Normalität**! Das klingt kryptisch, ist aber ganz einfach. Ein Besuch zum Sonntagskaffee, ein gemeinsamer Ausflug auf den Spielplatz oder, wenn es organisatorisch möglich ist, eine Einladung zum Abendessen. Tu ein bisschen so, als wenn nichts wäre, und sei es für eine Stunde. Das hilft allen in der Familie, auch wenn sie wissen, dass ihre neue Realität danach wieder auf sie wartet. Vor allem Geschwister können von diesem Geschenk profitieren, denn das ist es, was sie am meisten brauchen. Nimm die Kinder mit in den Zoo, auf einen Ausflug oder lade sie zu dir nach Hause ein.
9. **Sei milde!** Soll heißen: Die Familie mit chronisch krankem Kind wird sich verändern – und sei es nur temporär. Es wird eine ganze Zeit lang nur ein Thema für sie geben. Zuhören ist trotzdem essenziell. Es kann also sein, dass deine Themen manchmal kein Gehör finden. Das ist schwer, für beide Seiten. Aber Kräfte sind endlich und müssen geschont werden. Das hält nicht jede Freundschaft aus. Deswegen sei nachsichtig, wenn es mal so ist, oder sprich an, wenn es überhandnimmt. Oft sind betroffene Familien dankbar für diesen Hinweis und sie hören gern zu, wie es dir geht.

10. **Sei ehrlich!** Trau dich und gib ein klares Signal, wenn es dir zu viel ist: „Ich kann damit gerade nicht umgehen. Mir fehlen die Worte. Es geht mir zu nahe." Einen Schicksalsschlag im nahen Umfeld verkraftet nicht jede*r, denn oft kommen damit tiefe Ängste bei Menschen zum Vorschein. Wenn es dir so geht und dir die Freundschaft wichtig ist, hilft die klare Botschaft mehr als ein platter Smiley oder gar Funkstille.

Hilfe einfordern

Nach der ersten Zeit, in der Schock, Angst oder Sorge überwiegen, finden Familien in einen neuen Rhythmus, auch wenn er von Therapien, Medikamenten oder Arztbesuchen gekennzeichnet ist. Steht der neue Alltag, kannst du Freund*innen und Verwandte auch wieder proaktiver einbinden, weil du weißt, wo Unterstützung hilfreich ist. Vor allem in Hinblick auf die eigene vermeintliche Schwäche, die du dir und anderen niemals eingestehen möchtest, ist das ein riesiger Schritt. **Denn es ist keine Schwäche, um Hilfe zu bitten. Im Gegenteil! Die eigenen Kräfte im Blick zu haben und für sich und seine Familie zu entscheiden, Hilfe anzunehmen und einzufordern, ist wahnsinnig stark.** Denn so sorgst du dafür, dass du deine Kräfte überlegt einsetzt und dich selbst nicht aus den Augen verlierst.

Menschen geht es immer besser, wenn sie mit den Themen, die sie beschäftigen, in den Austausch gehen können. Das ist Selbstwirksamkeit: wenn sie etwas Sinnvolles tun können und wirksam sind, egal wie anstrengend es ist. Das sind Wege der Verarbeitung.

▶ *Martina Stotz, Doktorin der Psychologie*

Selbst wenn du zu Beginn der Diagnose und Krankheit Hilfe abgewiesen hast oder nicht auf Angebote eingegangen bist, ist es okay, wenn du nun anders denkst und handelst. Sprich Freund*innen und Familie offen darauf an und sage, was dir nun helfen kann. Das ist für alle eine Erleichterung.

SO FORDERST DU HILFE EIN

- Falls du eine Weile brauchtest, um Hilfe einzufordern: Erkläre, warum du „erst jetzt" kommst.
- Je konkreter, umso besser: Wenn du schon Dinge im Kopf hast, die andere dir abnehmen können, benenne diese ganz klar. So weiß jede*r sofort, was und wann von ihm gewünscht wird.
- Wenn du mehrere Menschen um dich hast, die gerne regelmäßig helfen möchten und können, suche eine Strategie, alle miteinander zu koordinieren. Weise jedem zum Beispiel einen bestimmten Tag oder bestimmte Aufgaben zu.
- Wenn du merkst, dass dich die Koordination oder die Zuwendung der Menschen überfordert, sprich das offen an. Nur so kannst du mit deinen Kräften haushalten.
- Unterscheide zwischen Hilfe für den Alltag/Haushalt, Hilfe für die Geschwisterkinder und Hilfe für dich, deine*n Partner*in oder das chronisch kranke Kind. So könnt ihr alle vielleicht besser schauen, was ihr wirklich braucht.
- Frag einen Menschen, der euch besonders nah steht, ob er eventuell die Koordination von Unterstützung in die Hand nehmen kann.

Die Großeltern

Am Beispiel von Finn und seiner Mutter, die eine fremde Frau auf dem Spielplatz trösten musste, haben wir gesehen, wie hart euer Schicksal auch das direkte Umfeld treffen kann. Und du hast bereits erfahren, dass die Reaktionen stark von der Persönlichkeit, den Erfahrungen und den Glaubenssätzen deines Gegenübers abhängen. Ein Fall, den wir gesondert betrachten wollen, sind die Großeltern. Denn neben einer oft sehr engen Bindung zu deinem Kind spielt in dieser Beziehung auch der Generationenunterschied eine große Rolle.

Wissen ist Trost

Am Anfang waren alle um uns bestürzt und traurig, weil viele nicht sicher waren, wie der Verlauf sein wird, und wenig über die Krankheit wussten. Bis wir sie aufgeklärt haben, wie heutzutage die medizinische Versorgung ist und wie gering die Krankheit derzeit bei unserer Tochter ausgeprägt ist. Das Wissen half allen um uns.

▶ *Franzi, Tochter hat Mukoviszidose*

Die Medizin ist heutzutage auf einem sehr guten Stand. Wenn auch nicht alle Krankheiten heilbar sind, so können doch viele dank ausgeklügelter Therapien gut in den Alltag integriert oder früh erkannt werden. Das war nicht immer so. Dementsprechend verbinden gerade ältere Generationen, wie die heutigen Groß- oder Urgroßeltern, mit Krankheiten wesentlich schlimmere Erfahrungen als wir. Weil für sie gravierende Erkrankungen wie Multiple Sklerose oder Krebs automatisch mit langem Leiden einhergehen und oft tödlich enden. Dementsprechend heftig fallen dann die Reaktionen aus. (Wenn sie denn frei geäußert werden). Abgesehen davon, dass das dich und deine Familie nicht gerade aufbaut, bringt es auch eine weitere Aufgabe mit sich: Du musst Aufklärung über den Stand der medizinischen Forschung allgemein und eure speziellen Behandlungen im Besonderen betreiben. Nicht jede Diagnose bedeutet den Tod, so wie es vielleicht Mitte des zwanzigsten Jahrhunderts noch war. Um gerade ältere Generationen passend aufzuklären, sammle ruhig alle Fragen und lass sie von den behandelnden Ärzt*innen beantworten. Deren Expertise vertrauen (Ur-)Großeltern in der Regel. Vielleicht gibt es auch aktuelle Artikel und Veröffentlichungen, die helfen, die enorme Entwicklung in der Medizin und Gesundheitsforschung besser zu verstehen. Lass nicht zu, dass aus Unwissenheit die Beziehungen in der Familie belastet werden. Kläre auf und erkläre!

Die Großeltern konnten es am Anfang sehr schwer annehmen, sie waren unendlich traurig und betroffen. Sie wussten nicht mit der Situation umzugehen. Sie haben dann selbst viel dazu gelesen und sich Informationen gesucht.

▶ *Ulrike, Tochter hat Osteogenesis imperfecta/Glasknochenkrankheit*

Alle auf dem Laufenden halten

Je größer die Familie und/oder der Freundeskreis, umso schwieriger ist es oft, alle auf dem Laufenden zu halten. Egal ob die erste Diagnose, der weitere Verlauf oder begleitende Therapien: Viele wollen wissen, wie es dir und dem Kind geht und was als Nächstes ansteht. Es kann mühsam und unübersichtlich sein, alle einzeln zu informieren. Deshalb hier einige Tipps:

- Legt vorher gemeinsam fest, wer über was Bescheid wissen sollte. Vielleicht lohnt es sich auch, eine gemeinsame Gruppe in einem entsprechenden Messenger einzurichten. Doch Vorsicht: Nicht jede*r möchte aus Gründen des Datenschutzes dabei sein. Frage lieber vorab. Sollte so eine Gruppe zustande kommen, definiere Regeln. Nichts ist nerviger für Außenstehende, als unendlich viele Herz-Emojis, die teilweise noch Tage später aufploppen. Sie sollen zwar Mitgefühl ausdrücken, helfen aber nur bedingt. Es wäre also eine Idee, nur als Sender in dieser Gruppe zu fungieren und alle zu bitten, nicht auf das Gesendete zu reagieren. So wissen alle Bescheid und niemand ist genervt von den vielen Antworten aller Mitglieder.
- Geht es um die Koordination von Hilfsangeboten und Unterstützung, zum Beispiel bei der wechselnden Betreuung der Geschwisterkinder, bietet sich eine Gruppe an, in der du nicht aktiv Mitglied bist. Bittet eine*n gute*n Freund*in oder die Großeltern darum, Hilfe zu koordinieren. So wissen alle, ob die Familie gut versorgt ist und wo noch Hilfe benötigt wird.
- Eine weitere Möglichkeit, alle über den Ablauf und das Geschehen zu informieren, sind klassische Mails an mehrere Personen oder auch Briefe. Gerade Letztere sind für die älteren Generationen noch normal. Der schriftliche Weg mag auf den ersten Blick komisch erscheinen, aber er ermöglicht Distanz. Auf eine Nachricht am Handy sind Menschen eher geneigt, mit schnellen Worten oder Emojis zu antworten. E-Mails und Briefe werden dagegen seltener und/oder bewusster und ausführlicher beantwortet. Ein regelmäßiges Update auf diesem Wege holt alle zu gegebener Zeit ab und lässt sie an eurem Leben teilhaben. Du hast aber den Vorteil, dass du euren Freund*innen und Verwandten in dem Moment nicht ins Gesicht schauen brauchst und so nicht alle Gefühle auf der anderen Seite direkt gespiegelt bekommst.

DEINE PARTNERSCHAFT

Nicht nur die Familie verändert sich mit der Diagnose einer chronischen Erkrankung deines Kindes, sondern auch deine Partnerschaft. Das Potenzial für Konflikte und Auseinandersetzungen ist durch die enorme Last, die ihr beide tragt, deutlich höher als in anderen Familien. Ihr könnt aber durch diese Situation auch noch stärker zusammenwachsen. Achte darauf, dass eure Verbindung nicht verlorengeht.

Der*Die Neue an meiner Seite

Jede*r hat eine andere Vorstellung davon, welche Werte in einer Partnerschaft wichtig sind. Vielen geht es aber um Wertschätzung, Respekt, Unterstützung, Gleichberechtigung und Liebe. Mit einer schwerwiegenden Diagnose für dein Kind werden diese auf die Probe gestellt und eure Beziehung kann aus dem Gleichgewicht geraten. Deine bisher als sicher, stark und unterstützend auftretender Partnerin wird zum Beispiel plötzlich schwach und instabil, dein bisher eher ruhiger, vorsichtiger und ängstlicher Partner tritt in der neuen Lage klar, zielstrebig und direkt auf.

Diese (zugegeben willkürliche) Aufzählung ist keine Blaupause dafür, wie Menschen sich unter bestimmten Umständen verändern. Sie soll eher zeigen, wie unvorhersehbar und unbekannt ein Mensch in bestimmten Situationen reagieren kann – auch in langjährigen Partnerschaften. Vor allem, wenn ihr mit Herausforderungen konfrontiert seid, die ihr noch nie zusammen erlebt habt.

Eltern planen nun mal nicht mit dieser Art Krise in ihrem Leben und zum Glück müssen auch nicht alle Eltern sie erleben. Seid ihr als Paar aber nun Eltern eines chronisch kranken Kindes, so steht ihr neben den medizinischen und familiären Herausforderungen vor einer weiteren: dem Erhalt eurer eigenen Partnerschaft. Denn der Mensch an deiner Seite wird vielleicht Reaktionen zeigen, die du so noch nie gesehen hast. Vielleicht kann dein*e Partner*in deine Erwartungen nicht erfüllen – oder umgekehrt.

Vermutlich haben nur die wenigsten Paare vor ihrer Elternschaft darüber geredet, wie sich ihr Leben in so einem Fall verändern würde. Wundere dich deshalb nicht, wenn du deine*n Partner*in nun von einer ganz neuen Seite kennenlernst und das für dich erst einmal sortieren musst. Auch gravierendere Belastungsreaktionen sind nicht verwunderlich. Gestehe deinem*deiner Partner*in – und dir – diese Reaktionen zu und nimm sie ernst. Jede*r von euch muss sich von seiner ganz persönlichen Vorstellung einer gesunden Familie verabschieden und trauern dürfen.

Jede*r tickt anders

Zugegeben: Die Herausforderung, vor der ihr als Familie nun steht, ist schwer genug. Es bleiben wenig Zeit und Energie, die in eine funktionierende Elternbeziehung gesteckt werden können. Doch nicht wenige Paare tragen nun vermehrt Konflikte aus, denn oft betrifft die chronische Erkrankung mehr als nur das Kind und die Organisation drumherum. Nicht selten zeigen sich auch andere Baustellen, sei es in der Aufteilung des Familienlebens, der Erwerbstätigkeit oder der Erziehung, die vorher irgendwie funktionierten oder still übergangen wurden. Nun aber müsst ihr einige Themen gemeinsam klar besprechen.

Als die Ärztin uns die Diagnose mitteilte, hätte ich am liebsten schreien wollen. Ich weinte und wollte es nicht glauben. Mein Mann dagegen saß da, ohne Emotion, und stellte der Ärztin Fragen. Wie es nun weitergeht, was sie empfiehlt, wann wir die Behandlung beginnen. Als ob er die Botschaft, dass unser Kind Krebs hat, nicht verstanden hat und nur ein weiteres seiner Projekte im Büro organisiert. Er wirkte total gelassen. Das hat mich schwer enttäuscht, schließlich ist es doch unser Kind.

▶ *Susanne, Sohn hatte ein unilaterales Retinoblastom*

Menschen reagieren unterschiedlich auf die gleichen Impulse und Nachrichten. Vor allem in schweren Krisen – und die Erkrankung eures Kindes ist eine solche. Ihr beide reagiert mit wahrscheinlich nie dagewesenen Emotionen und womöglich völlig unterschiedlich, wie das Beispiel von Susanne und ihrem Mann zeigt. Das hat nichts mit der fehlenden oder kleineren Liebe zum eigenen Kind zu tun.

Frauen und Männer gehen mit Gefühlen unterschiedlich um. Nicht, weil sie grundsätzlich unterschiedliche Emotionen haben, im Gegenteil. Männer wurden aber vor allem in den letzten Generationen noch dazu erzogen, sie zu unterdrücken, keine Tränen oder Traurigkeit zuzulassen und damit nach außen stark und gelassen zu reagieren. Das kann bei anders tickenden Partner*innen dann auch genauso rüberkommen – oder aber als gleichgültig.

Die sichtbaren Gefühle sind nicht immer ein Ausdruck für das, was in Menschen wirklich vorgeht, und sagen auch nicht zwingend etwas über die Beziehungen zu den Personen in ihrem Umfeld aus. Oft haben sie nur verlernt, zu zeigen, wie es ihnen wirklich geht. Viele haben sich auch bewusst die Fähigkeit angeeignet, negative und emotionale Reaktionen nach außen zu unterdrücken, da diese in vorherigen Generationen mit Schwäche oder auch Scham assoziiert wurden. Selbst wenn mittlerweile eine andere Auffassung dazu herrscht und Eltern vielleicht sogar ihre eigenen Kinder komplett anders erziehen, ist es schwierig, den jahrelang unterdrückten Zugang zu den eigenen Emotionen plötzlich wieder zuzulassen. Menschen, die aufgrund ihrer Erziehung oder äußerer Umstände verlernt haben, Emotionen wie Traurigkeit oder Angst bewusst wahrzunehmen und zu zeigen, spüren sie trotzdem. Das ist nur für das Gegenüber nicht offensichtlich und manchmal nicht einmal für sie selbst.

Mein Mann und ich sind komplett unterschiedlich mit der Diagnose in der ersten Zeit umgegangen. Während er seine Ruhe brauchte, konnte ich nicht mehr allein sein. Ich habe das nicht ertragen. Mein Mann hat da nicht gereicht. Ich brauchte meine Freunde, meine Familie, alle wichtigen Menschen um mich. Es musste Bewegung im Haus sein.
▶ *Katharina, Tochter hat Tuberöse Sklerose*

Eventuell fühlt sich der weniger emotionale Elternteil auch überfordert mit den Tränen und Emotionen des jeweils anderen. Weil er oder sie nicht nur die eigenen Emotionen immer unterdrückt hat, sondern mit denen anderer Menschen nicht umgehen kann.

Du wirst recht bald merken, dass die Reaktionen auf die Diagnose, auf das Kind mit seinen Symptomen und auf die Nachrichten aus Arztgesprächen verschieden sein können. Egal, wie jede*r von euch regiert, es ist wichtig, den*die andere*n nicht zu verurteilen oder sein*ihr Empfinden klein zu machen. Vor allem Personen, die sowieso schon wenig Zugang zu ihren (sichtbaren) Gefühlen haben, sehen das als Angriff und Bestärkung darin, ihre Emotionen weiterhin für sich zu behalten. Ihr müsst euch beide gesehen und wahrgenommen fühlen. Sollten sich die gezeigten Emotionen so stark voneinander unterscheiden, dass eine*r (oder sogar ihr beide) sich komisch, unverstanden oder weniger geliebt fühlt, führt ein klärendes Gespräch. Wichtig ist dabei, dass niemand verurteilt wird, weil er oder sie mehr oder weniger weint, mehr oder weniger über die eigenen Ängste redet oder sich mehr oder weniger von der Familie zurückzieht. Es geht in diesem, oft kurz nach der Diagnose stattfindenden, Gespräch eher darum, den*die andere*n überhaupt zu verstehen und sich ein Bild von ihm*ihr machen zu können. Stellt offene Fragen, versucht den*die andere*n zu verstehen und ihm*ihr Raum zu geben.

IMPULSFRAGEN FÜR EUER PAARGESPRÄCH

„Wie fühlst du dich?"

„Ich kann nicht spüren, wie es dir geht. Was geht in dir vor?"

„Hast du Angst?"

„Was macht dich traurig?"

„Als der Arzt heute gesagt hat, was los ist, habe ich mich ... gefühlt. Ich hatte das Gefühl, mir zieht jemand den Stuhl weg. Seitdem denke ich permanent an ..."

„Als Kind wurde mir immer gesagt, ich darf nicht weinen, das sei schwach. Aber ich finde, dass ..."

Um nicht in Klischees abzudriften: Auch viele Frauen wurden dazu erzogen und haben gelernt, ihre Emotionen zu verschließen, oder sie haben Dinge erlebt, die genau dazu führten. Auch für sie kann es schwierig sein, das auf sie Zurollende emotional zu verarbeiten. Wenn ihr also unterschiedlich tickt, nehmt das nicht als Anlass für Konflikte, sondern seht es als Stärke. Ihr könnt voneinander lernen, eure Gefühle zuzulassen, zu entdecken oder auch besser zu kontrollieren.

> *Wir haben viel geredet, unsere Gedanken, Sorgen, Bedenken und Ängste ausgesprochen und miteinander geteilt. Ich hatte nämlich sehr mit meinen mir selbstgemachten Vorwürfen zu kämpfen.*
>
> *Tanja, Sohn hat Diabetes mellitus Typ 1*

Nur, weil der*die Partner*in anders reagiert und sich die Reaktion von der eigenen Erwartungshaltung und auch eigenen Reaktion unterscheidet, heißt es nicht, dass deine die einzig richtige ist. Vielleicht könnt ihr euch gegenseitig beeinflussen, es als Anlass zum Gespräch nehmen und aus der Reaktion des*der anderen lernen. Auch die Sichtweise und Einstellung zu bestimmten Dingen können Partner*innen (in Teilen) übernehmen, ohne die eigenen als falsch wahrzunehmen. So gibt es immer Menschen, die optimistischer sind als andere und bevorstehende Herausforderungen sachlicher sehen als die meisten. Das sagt nichts über die Liebe zum Kind aus oder darüber, wer der „bessere" Elternteil ist.

Der Psychologe John M. Gottman definiert eine Beziehung als eine Verbindung zweier Individuen, die jeweils ihre eigenen Ansichten, persönlichen Verschrobenheiten aber auch eigenen Wertvorstellungen mit sich bringen. Diese Mischung ist es, die die Beziehung unter normalen Umständen besonders macht. In guten Zeiten lassen sich diese Ansichten und Wertvorstellungen oft miteinander in Einklang bringen oder aufeinander abstimmen. Sie können als Impuls oder Inspiration untereinander gesehen werden. Auch für Verschrobenheiten ist Platz zwischen zwei Menschen, die sich lieben. In schlechten beziehungsweise kritischen Zeiten fehlen dafür aber oft die Zeit, die Kraft und auch der Wille. Ihr befindet euch in einer Ausnahmesituation, weil ihr Angst um das Kind habt, für das ihr sorgt und das ihr liebt.

Seht diese Angst und Sorge als Verbindung, statt als Grund, euch voneinander zu entfernen. Nicht wenige Paare fühlen sich allein, wenn sie mit der chronischen Krankheit ihres Kindes konfrontiert werden.

Dadurch, dass wir über Wochen getrennt voneinander waren und uns nur kurz auf dem Krankenhausflur oder am Telefon austauschen konnten, hatte ich so oft das Gefühl, allein zu sein. Ich wusste, meine Partnerin hat genauso mit all dem zu tun und wir übernehmen alle unsere Aufgaben. Aber ich konnte ihr nicht sagen, wie ich mich fühle, weil wir nicht zusammen waren. Diese Einsamkeit war mit das Schlimmste an der Zeit damals.
▶ *Jan, Tochter hatte ein Neuroblastom*

Nicht nur die räumliche Trennung kann zu dieser Einsamkeit führen. Bei unterschwelligen oder auch offensichtlichen Konflikten, aber wenig Zeit und Raum, diese zu lösen und zu besprechen, ziehen sich Partner*innen nicht selten voreinander zurück. Das verstärkt das Gefühl des Alleinseins noch mehr, was fatal ist. Denn eigentlich solltet ihr gerade in dieser Zeit an einem Strang ziehen und euch gegenseitig stützen, wenn einer von beiden mal weniger Kraft hat.

Partnerschaftlich durch die Krise

Als Paar zu funktionieren und miteinander respektvoll umzugehen, ist nicht nur wichtig für das eigene Wohl und Miteinander. Auch Kinder spüren, wenn es zwischen den Eltern Konflikte und Streit gibt. Sie haben dafür ebenso feine Antennen wie für die individuellen Gefühle einzelner. Wenn Kinder merken, dass ihre Eltern streiten und nicht miteinander reden, reagieren sie entsprechend. Bei deinem chronisch kranken Kind kann sich das auf die Kooperationsbereitschaft in der Behandlung auswirken. Nicht, weil es euch damit erpressen möchte, sondern unbewusst. Auch die Geschwister können auf Konflikte zwischen den Eltern auffällig reagieren. Neben der Sorge um das Geschwisterkind kann das eine zusätzliche emotionale Baustelle sein. Eine funktionierende Beziehung zwischen den Eltern oder Erziehungspartner*innen hat also Einfluss auf die Kinder und das gesamte Familienleben.

Nun lassen sich Konflikte, die vielleicht schon vor der chronischen Erkrankung des Kindes bestanden, nicht sofort und umfassend lösen und damit eine harmonische Beziehung schaffen. Aber es ist im Interesse aller, für die Zeit der Behandlung und Therapien eine bestmögliche Grundlage zu schaffen, auf der ihr als Team agieren und gemeinsam für eure Familie einstehen können.

Ein Teil der Teamarbeit ist es auch, aufeinander achtzugeben. Da jede*r anders mit Problemen umgeht, lässt sich der Grad der Erschöpfung und Beanspruchung nur schwer miteinander vergleichen. Eine chronische Erkrankung beim eigenen Kind ist eher ein Marathon als ein knapper Sprint. Emotionale Sorgen erschöpfen, Organisation und Therapien ziehen Kraft. Nicht selten ist die Erschöpfung und Frustration bei euch beiden hoch. Schau nicht nur auf dich, sondern auch auf deine*n Partner*in, wenn ihm*ihr Energie fehlt. Oft nehmen wir unsere eigene Kraftlosigkeit nicht entsprechend wahr, da wir in einem Hamsterrad gefangen sind. Sei also auch aufmerksam, ob dein*e Partner*in Anzeichen von Erschöpfung zeigt. Das ist Teil einer fürsorglichen Beziehung.

GRÜNDE FÜR KONFLIKTE IN DER PAARBEZIEHUNG

- Unzufriedenheit durch Vernachlässigung der eigenen Bedürfnisse
- Unterschätzen der eigenen Erschöpfung
- Gefühl der Ungerechtigkeit oder ungerechten Verteilung der Last und Aufgaben
- Unterschiedliche Emotionen und Reaktionen auf die Situation
- Unterschiedliche Wahrnehmung des*der jeweils anderen
- Konkurrenzdenken und Eifersucht zwischen den Partner*innen
- Unterschiedliches Vorgehen der Partner*innen

Auch wenn dein*e Partner*in dich nicht um Hilfe bittet, können Signale eindeutig sein: Gereiztheit, schnell aufbrausende Emotionen, Müdigkeit gepaart mit Schlaflosigkeit, körperliche Anzeichen, Appetitlosigkeit – die Zeichen für Erschöpfung sind vielseitig. Vielleicht gesteht sich dein*e Partner*in keine Pause zu, fühlt sich alleingelassen oder für alles allein verantwortlich. Sprich es an, wenn du das wahrnimmst, selbst wenn du auf der anderen Seite auf Unverständnis triffst. Aussagen wie „Du siehst müde aus“ oder „Mann, bist du fertig“ helfen dabei wenig. Wirklich hilfreich sind konkrete Angebote oder Vorschläge wie „Ich bringe heute Abend die Kinder ins Bett, dann kannst du dich ausruhen“ oder Ähnliches.

Stark als Team

Das Gefühl des Alleinseins, das schon angesprochen wurde, kann sich wie ein roter Faden durch die elterliche Beziehung ziehen. Damit niemand sich einsam fühlt, sprecht und entscheidet möglichst viel gemeinsam, wenn es um die chronische Erkrankung eures Kindes geht. Oft neigen Eltern dazu, Besprechungen untereinander aufzuteilen oder gar komplett an ein Elternteil abzugeben. Nicht aus Boshaftigkeit, sondern aus Angst. Wenn aber das Wissen und die Verantwortung nur auf einem Paar Schultern lasten, ist dessen Träger*in oft überlastet.

> *Wir haben alle Krankenhausuntersuchungen zusammen gemacht und uns in den Aufenthalten abgewechselt. So konnte jeder seine Kraftreserven aufladen, weil der andere immer da war.*
> *▶ Katharina, Tochter hat Tuberöse Sklerose*

Verteilt die Aufgaben und nehmt Besprechungen in der Klinik oder bei Fachärzt*innen gemeinsam wahr. So wisst ihr nicht nur beide Bescheid, sondern könnt später auch nochmals eure Eindrücke hinterfragen und abgleichen, ob ihr bestimmte Sachverhalte richtig verstanden habt. Abgesehen davon, dass ihr beide nun über alles Bescheid wisst, ist es auch ein gutes Gefühl, zusammen in diese Gespräche zu gehen und sich gegenseitig Halt geben zu können. Sollte ein*e Partner*in wirklich nicht anwesend sein können, könnt ihr euch auch telefonisch dazuschalten oder – sofern die anderen Beteiligten einverstanden sind – das Gespräch aufzeichnen. Denn unter starker emotionaler Belastung behält und verarbeitet jede*r Informationen anders und kann im Zweifel nicht alles korrekt wiedergeben. So kann gewährleistet werden, dass alle Erziehungspartner*innen auf dem gleichen Kenntnisstand sind.

Ist nur einer von euch für alles verantwortlich, trägt sie oder er gefühlt die doppelte Last, auch wenn er*sie den*die andere*n im Nachgang informiert und versucht, alles mitzuteilen. Was, wenn etwas falsch verstanden oder im Moment des Erzählens vergessen wird? Das ist möglich, kann aber für Konflikte und Missverständnisse sorgen. Die oder derjenige, der*die meistens bei den Arztgesprächen dabei ist, wird auch automatisch von den Ärzt*innen als Erste*r und oft Einzige*r angesprochen. Das erhöht den Druck und die Verantwortung nochmals und sorgt innerlich für eine noch stärkere Belastung.

Natürlich kann nicht jede Familie gewährleisten, dass beide Elternteile bei allen Gesprächen und Terminen gemeinsam dabei sind. Verantwortungsbereiche, Termine und Verfügbarkeiten solltet ihr dennoch zusammen besprechen und festlegen. Dabei ist Flexibilität gefragt. Passt regelmäßig die Aufgabenverteilung an, sodass die Last gleichmäßig beziehungsweise euren Kräften entsprechend verteilt ist.

Mit Respekt und Offenheit in Konflikte gehen

Die wesentliche Grundlage, um vor allem schwierige Situationen als Paar zu meistern, sind gegenseitiger Respekt und Offenheit für die Ansichten und Meinungen des anderen. Beharre nicht zu sehr auf deiner Meinung, geh auf Augenhöhe und lass dich auf deine*n Partner*in ein. Oft neigen Partner*innen dazu, sich gegenseitig Vorwürfe zu machen, wenn Meinungen auseinandergehen, denn unbewusst haben sie vielleicht die Erwartung, dass der*die andere ähnlich denkt, fühlt oder agiert. Das birgt Konflikte, die nicht untergehen dürfen. Die Gefahr ist, dass eine*r oder gar beide Partner*innen unzufrieden sind und diese Unzufriedenheit zum Nährboden für weitere Probleme in der Beziehung wird.

Spürst du, dass ihr über ein konkretes Thema sprechen müsst, sollte das nicht nebenbei passieren. Wenn es vielleicht nicht möglich ist, in einem Raum miteinander zu reden, dann nehmt euch am Abend Zeit für ein möglichst ungestörtes Telefonat und redet bewusst miteinander über das Problem.

Wir ergänzen uns gut und unterstützen uns, wenn einer von uns am Limit ist. Als Paar haben wir sehr selten eine Auszeit, aber das brauchen wir auch gar nicht so sehr. Wir sind eine Familie und jeder lässt dem anderen seine Freiheit. Wir reden sehr viel und tauschen uns aus.

▶ Ulrike, Tochter hat Osteogenesis imperfecta/Glasknochenkrankheit

Gesprächsregeln

So fallen euch auch schwierige Gespräche leichter:

- Wenn ihr miteinander sprecht, achtet auf einen ruhigen und respektvollen Umgangston miteinander. Klar, das ist nicht immer so einfach. Wenn der Auslöser also akut ist und du spürst, dass du laut und ungehalten reagieren willst, solltest du kurz rausgehen, bis zehn zählen und dabei in dich spüren. Tue das, was die aufkochenden Emotionen beruhigt.
- Fühlt dein*e Partner*in vielleicht ähnlich? Versuche, dich in dein Gegenüber hineinzuversetzen. Warum reagiert er*sie so? Was fühlt er*sie? Was ist der Auslöser für dieses Gefühl? Wie gehe ich damit um? Vielleicht finden sich die Antworten darauf schon, wenn du die Situation mit etwas Abstand reflektierst.
- Im Gespräch ist es dann wichtig, wirklich zuzuhören. Erweist euch gegenseitig den Respekt, den*die jeweils andere*n aussprechen zu lassen. Reagiere auf Gesagtes nicht mit Rechtfertigungen, Vorwürfen oder Schuldzuweisungen. Das ist verdammt schwer, vor allem,

wenn die Nerven gerade generell sehr dünn sind. Aber es lohnt sich, damit der Streit nicht eskaliert.

- Um die Zahl der Vorwürfe gering zu halten, ist es besser, „Ich-Botschaften“ zu senden. „Ich habe mich allein gefühlt, als wir ...“, „Ich fühle mich unverstanden, wenn ...“ So formulierst du klar deine Perspektive, ohne dem Gegenüber die Pistole auf die Brust zu setzen. Jede*r sollte die Chance haben, die eigene Perspektive zu erklären. Oft ergibt sich daraus schon eine Auflösung für ein Missverständnis oder auch einen wahrgenommenen Fehler.
- Gerade in Akutsituationen, in denen wenig Zeit und Energie für zusätzliche Konflikte bleiben, ist es ein erster Schritt, Kompromisse für beide Seiten zu finden. So kann beiden entgegengekommen werden, ohne dass eine Seite sich komplett unverstanden fühlt. Das schafft auch eine gewisse Toleranz gegenüber dem*der anderen und seinen*ihren Fehlern.

Doch egal welche Konflikte sich im Rahmen der schwierigen Situation für euch als Familie und als Paar auftun, es ist wichtig, dass ihr niemals den Respekt füreinander verliert. Tretet eurem*eurer Partner*in stets mit demselben Respekt entgegen, mit dem ihr euch selbst begegnen würdet. Oft neigen Partner*innen dazu, sich in der Sicherheit der Partnerschaft respektlos zu verhalten, weil sie ihre Emotionen ungezügelt rauslassen. Die Verletzungen daraus sind aber nicht selten tief und beeinflussen das Miteinander.

Vielleicht hilft es, gerade in der jetzigen Zeit ein bisschen mehr Verständnis für die Situation als Paar und des*der Einzelnen zu haben. Denn Beziehungen und Partnerschaften sind ein ständiges Hin und Her, ein Geben und Nehmen. Nur, weil jede*r sein eigenes Päckchen trägt, heißt es nicht, dass ihr dem*der anderen nicht einmal etwas abnehmen oder es zusammen ertragen könnt.

Sehen und gesehen werden

In einer Familie hat niemand nur die Verantwortung für sich selbst. In einer Partnerschaft ebenso wenig. Durch den unterschiedlichen Umgang mit der Situation und bestehenden Aufgaben kann es zu einem Ungleichgewicht in Aufgabenverteilung, Wahrnehmung und Verantwortung kommen. Das ist vielleicht in den ersten Tagen oder Wochen noch gut umsetzbar und für alle okay, aber sofern sich dieses Ungleichgewicht als Selbstverständlichkeit einschleicht, wird es über kurz oder lang für Konflikte sorgen. Nicht selten können Sätze und Vorwürfe fallen, die versuchen die eigene Leistung und Verantwortung gegen die des*der anderen aufzuwiegen. Wer leistet mehr? Wer übernimmt mehr im Haushalt? Wer ist für die Kinder verantwortlich? Wer verdient mehr?

GEH IN DICH

Durch die Kritik an der Rolle oder den Aufgaben des*der anderen, kann nämlich auch deutlich werden, was dich an deiner Rolle aktuell stört. Deswegen ist es viel wichtiger, dich selbst zu fragen:

- *Was wünsche ich mir?*
- *Was wünscht sich mein*e Partner*in?*
- *Wie können wir diese Wünsche in der aktuellen Situation überein bringen?*

Fragen mit Konfliktpotenzial, wie sie schon Elternbeziehungen kennen, die nicht die zusätzliche Mammutaufgabe eines chronisch kranken Kindes schultern. Mit der Verantwortung, sich zum sonst normalen Familienleben auch um die Therapien, Behandlungen und Untersuchungen des Kindes zu kümmern, können Konflikte dieser Art nochmal verschärft werden. Dieses Ungleichgewicht braucht nicht nur Gespräche und klare Absprachen, um wieder in ein gefühltes Gleichgewicht zwischen den Partner*innen zu kommen. Es bedarf auch einer starken und korrekten Wahrnehmung der jeweils anderen Seite.

> *Wir haben das Glück, dass mein Mann so verdient, dass wir damit über die Runden kommen. Das bedeutet aber leider auch, dass er viel unterwegs ist und wir ihn kaum sehen.*
> ▶ *Josefine, Kinder haben lymphoblastische Leukämie sowie ADHS und Asthma*

Denn nicht nur Kinder haben das Bedürfnis, gesehen und wahrgenommen zu werden. Auch in einer Beziehung geht es darum, dass wir das Gefühl bekommen, für den*die andere*n wertvoll zu sein und geschätzt zu werden. Glauben wir, dass der*die andere uns nicht entsprechend wahrnimmt und schätzt, reagieren wir mit Frust, Traurigkeit oder Wut. Doch diese Gefühle schaffen keine Nähe zueinander, im Gegenteil. Um sich wahrgenommen zu fühlen, ist es also auch wichtig, den*die andere*n und seine Aufgaben und Rollen zu sehen. Nicht nur das, was er*sie vermeintlich leistet, sondern auch, ob damit Entbehrungen verbunden sind. Am Beispiel von Josefine wird deutlich, dass sie zwar die Aufgabe des Geldverdienens bei ihrem Mann sieht, aber ebenso wahrnimmt, dass er dadurch leider viel weniger bei der Familie sein kann. Für beide ist es die beste Lösung ihrer aktuellen Situation – mit all den Vor- und Nachteilen.

Viel zu häufig rutschen Paare in die Zuschreibung von Schuld ab, um jemanden für den aktuellen Zustand und das Ungleichgewicht in der Beziehung verantwortlich zu machen. Dabei geht es vielmehr darum, dieses Ungleichgewicht zu sehen und dafür zu sorgen, dass es nicht bestehen bleibt. Und manchmal liegen die Gründe für eine solche Schieflage in der Verantwortungs- und Aufgabenverteilung in den äußeren Umständen, wie zum Beispiel dem ungleichen Einkommen von Männern und Frauen.

Nicht immer lassen sich alle Konflikte lösen, indem ihr sie benennt und zusammen nach einer Veränderung schaut. Erst recht nicht, wenn das Leben gerade durch die Behandlung eines chronisch kranken Kindes dominiert wird. Aber allein schon die Wahrnehmung und Wertschätzung dessen, was der*die jeweils andere in der Beziehung leistet, aber auch entbehrt, sorgt für einen liebevolleren Blick aufeinander. Und vielleicht finden sich schon im Kleinen Veränderungen, die für mehr Nähe zwischen euch sorgen.

Nicht nur Eltern, auch Paar

Habt ihr als Familie gerade erst den Verdacht beziehungsweise die konkrete Diagnose einer chronischen Erkrankung erhalten, wird genau das eure Gespräche dominieren. Zu viele Dinge sind zu bedenken und zu bereden. Das ist vollkommen normal und kann je nach Diagnose, aber auch Familie unterschiedlich lang dauern. Ihr befindet euch in der Schockphase und scheint nur zu funktionieren. Doch irgendwann wird eine Zeit kommen, in der sich zumindest einige Dinge eingespielt haben. Das Thema muss nicht mehr jedes Gespräch einnehmen.

Du gehst vielleicht anders damit um, als dein*e Partner*in. Der*Die eine möchte mehr darüber reden, als der*die andere, wodurch eure Beziehung in eine Schieflage geraten kann. So einnehmend die Diagnose, Behandlungen und Therapien auch in der ersten Zeit sind, sie dürfen nicht euer einziges Gesprächsthema sein. Ihr seid nicht nur Eltern eines chronisch kranken Kindes, es gibt es auch andere Themen, die das Zusammensein bestimmen sollten und die dich als Person ausmachen. Es ist nicht nur lähmend für die Paarbeziehung, sondern auch für das Familienleben generell, wenn nur ein Thema überwiegt. Vor allem, wenn es noch weitere Kinder im Haus gibt.

Partnerschaft im neuen Alltag

So schön und einfach es wäre: Es gibt kein Patentrezept für eine glückliche Beziehung, egal unter welcher Prämisse. Und so viel Ehrlichkeit muss sein, auch wenn es weh tut: Wenn die Beziehung schon vor der Erkrankung des Kindes schwierig war, wird die kommende Zeit das nicht besser machen.

> *Wir haben viel darüber geredet, das hat uns beiden geholfen. Wir konnten jeden Gedanken aussprechen, weil wir so nicht allein mit dem Mist im Kopf waren. Denn am besten kann es der nachvollziehen, den es auf der gleichen Ebene betrifft.*
> ▶ *Katharina, Tochter hat Tuberöse Sklerose*

Gerade in der Anfangszeit mit chronisch krankem Kind ist das Zusammenleben als Paar ein Abwägen von Lösungen und Ansätzen. Verständlicherweise stehen da das Kind und dessen Geschwister sowie eine gute Therapie und Behandlung im Vordergrund. Viele Paare räumen ihrer Beziehung keinen großen Stellenwert mehr ein. Das ist für einen gewissen Zeitraum verständlich und nachvollziehbar. Aber es darf nicht zum Alltag werden, sich nicht mehr um das Miteinander als Paar zu kümmern.

Je nach Dauer und Prognosen der Therapien ist es hilfreich, sich für eine funktionierende Paarbeziehung Hilfe und Unterstützung zu holen. Das kann eine psychologische Begleitung in Form von Paartherapie oder Coaching sein. Bei vielen Paaren fehlt es schlichtweg

„nur“ an Zeit und Raum, wieder miteinander zu reden und füreinander da zu sein. Dann hilft es, wenn sich in „eurer“ Zeit jemand um die Kinder kümmert. Egal, welche Art der Unterstützung nötig ist, holt sie euch. Denn über kurz oder lang kann eine Beziehung sonst zerbrechen.

KÖRPERLICHE NÄHE UND SEX IN KRISENSITUATIONEN

Je nach Diagnose und Behandlungsweg können Familien in Teilen viel Zeit in der Klinik verbringen. Und weil das selten wie bei Grey's Anatomy abläuft, wird nicht immer Raum, Zeit und Möglichkeit für körperliche Nähe sein. Stress, körperliche und emotionale Belastung und unverarbeitete Gefühle können zu Lustlosigkeit und einer Flaute im Bett führen. Habt ihr da unterschiedliche Bedürfnisse, redet darüber und versucht, euch gegenseitig zu verstehen. Überrede oder zwing niemanden unter dem Vorwand und als Zeichen der Liebe zu etwas. Konflikte könnt ihr hier nur mit viel Offenheit und Worten klären.

Wird ein Kind ernsthaft krank, fallen viele Familien in eine klassische Rollenverteilung zurück. Die Ursachen sind vielfältig und sind auf ungleiche Bezahlung, von außen projizierte Rollenbilder oder gesellschaftliche Erwartungshaltungen zurückzuführen. Die Frau wird zur fürsorglichen Hilfstherapeutin, während der Mann weiterhin arbeiten geht und die Familie ernährt. Nicht immer ist es unter den besonderen Umständen eines chronisch kranken Kindes möglich, ein komplett ausgewogenes Familienkonzept zu finden oder die Erwartungen von anderen zu erfüllen. Was im Mittelpunkt stehen sollte, ist das, was für euch als Familie funktioniert. Finanzielle, organisatorische und persönliche Entscheidungen solltet ihr gemeinsam treffen, ungeachtet des Eindrucks, der vielleicht nach außen entstehen könnte.

> *Wir sind durch das ungleiche Einkommen und die aufwendigen Behandlungen in so eine ganz altmodische Rollenverteilung gerutscht, weil es finanziell einfach schlauer war. Ich bleibe dadurch aber beruflich komplett auf der Strecke, das ist nicht immer einfach. Mein Mann sichert mich dafür komplett ab und muss damit leben, dass er die Kinder teilweise die ganze Woche nicht sieht. Aber wir wissen beide, dass es in der jetzigen Situation die beste Lösung ist.*
>
> ▶ *Josefine, Kinder haben lymphoblastische Leukämie sowie ADHS und Asthma*

Nicht selten verfallen Paare in diese Aufteilung, wenn die Pflege und Behandlung des Kindes nicht „nebenbei" erledigt werden kann. Und auch wenn sich die Rollenverteilung verändert (eine*r erwerbstätig, eine*r betreuend/pflegend) müssen beide mit ihren neuen Rollen einverstanden sein. Auch wenn es die „vernünftige" Entscheidung ist, darf sich niemand in seiner Rolle „gefangen" fühlen und unzufrieden sein. Es ist und bleibt ein Kampf und Experimentieren, was für (fast) alle funktioniert, zufriedenstellend ist und ein gesundes Gleichgewicht in der Familie möglich macht.

Viele Paare müssen eine Zeit zusammen durchstehen, in der ihre Partnerschaft nicht im Zentrum steht. Die gemeinsame Beziehung wird weniger Aufmerksamkeit und Zeit bekommen, als vieles andere. Dieses Wissen kann helfen – zumindest temporär. Es hilft, sich das immer wieder in den Sinn zu rufen. Aber ruhe dich nicht auf diesem Wissen aus, lass es nicht zum Dauerzustand werden. Ihr solltet stets schauen, wo doch noch Zeit und Energie für eine gute Beziehung bleiben, um nicht als funktionierendes Elternpaar nur nebeneinanderher zu leben und das Gemeinsame zu vergessen. Jede*r möchte von den Menschen um ihn wahrgenommen und als wertvoll erachtet werden.

Dabei spielen Nähe und Kontakt eine wesentliche Rolle. Verfallen beide Partner*innen in zu starre und festgefahrene Rollen, bleiben diese aus. Ein Gefühl von Wertlosigkeit, Traurigkeit und Einsamkeit macht sich breit.

Dieses Gefühl kann immer wieder Konflikte aufflammen lassen. Gerade im Familienalltag ist das schwierig, da die Kinder anwesend sind. Selbst wenn ihr der Meinung seid, Konflikte und Diskussionen vor euren Kindern zu verstecken, hier die Erinnerung: Eure Kinder haben feine Antennen und nehmen auch stures Schweigen und anderes wahr. Sie merken, dass etwas nicht richtig läuft. Nun muss der Streit nicht im Beisein des Kindes ausgetragen werden, vor allem dann nicht, wenn die Emotionen hochkochen und ihr Gefahr lauft, laut oder gar ausfallend zu werden. Trotzdem könnt ihr gegenüber eurem Kind thematisieren, dass ihr als Eltern gerade unterschiedlicher Meinung seid und erst einmal darüber nachdenken müsst. Nur so können Kinder lernen, dass und wie Konflikte ausgetragen werden können, ohne dass die Partner*innen sich anschweigen oder anschreien. Doch verständlicherweise ist die Situation unter gegebenen Umständen noch schwieriger zu lösen als im normalen Alltag. Deswegen ist und bleibt es wichtig, Konflikte nicht runterzuschlucken. Denn egal, wie gut und tief jede*r seinen Unmut und den Streit vergräbt, irgendetwas bleibt.

Wir beide sind sehr für uns und auf unsere eigene Art damit umgegangen. Wir haben auch selten drüber gesprochen. Wir haben uns gegenseitig bedingungslos unterstützt. Aber wirklich über die Diagnose geredet haben wir nie.
▶ Jessika, Tochter hat eine Pulmonalatresie und ein hypoplastisches Rechtsherzsyndrom sowie eine Mitralklappeninsuffizienz

Gespräche führen ohne Streit

Nicht nur bei einem akuten Konflikt, auch im Alltag solltet ihr respektvoll und zugewandt miteinander reden. Doch wenn die Alltagsgespräche von der chronischen Erkrankung und den dazugehörigen Behandlungen dominiert werden, verlieren Paare aus dem Blick, wie es dem Gegenüber neben diesen Themen noch geht.

Manche fühlen sich einsam, haben das Gefühl, mehr Energie in die Familie zu stecken als der*die andere oder sind generell in ihren Rollen festgefahren und unzufrieden. Viele spüren auch erst nach einer gewissen Zeit, dass ihre Gespräche sich nur noch um Organisatorisches rund um die Familie drehen und es für andere Themen keinen Raum mehr gibt. Das Liebevolle, was die Partnerschaft vor einiger Zeit noch ausgemacht hat, ist verloren gegangen.

> *Seit der Diagnose haben wir einen festen Tag in der Woche, wo wir wirklich reden. Wir haben uns einen Termin gemacht. Wir reden nicht über die Arbeit, sondern darüber, wie es uns geht und was wir brauchen. Wir haben auch ausgeschlossen, über die Krankheit und den weiteren Behandlungsverlauf zu reden. Es geht wirklich um uns.*
> ▶ *Katharina, Tochter hat Tuberöse Sklerose*

Eine Möglichkeit, in Verbindung zu bleiben, sind sogenannte **Zwiegespräche** nach Michael Lukas Moeller. Diese sollten möglichst ohne (kindliche) Störungen stattfinden. In gemeinsamen Zwiegesprächen geht es darum, regelmäßig und abwechselnd über sich und seine Empfindungen zu sprechen. Jede*r berichtet, was er erlebt, wie es ihm*ihr dabei geht und wie er*sie bestimmte Situationen empfindet.

Für die Gespräche ist es wichtig, dass die- oder derjenige, der*die nicht redet, gut zuhört. Es geht nicht um Rechtfertigungen, Vorwürfe oder Schuldzuweisungen, sondern darum, einander zu verstehen. Wenn ihr diese Gespräche regelmäßig führt, bekommt ihr einen ganz anderen Blick auf euer Gegenüber, könnt euch besser einfühlen und verstehen.

ZWIEGESPRÄCHE

- Mögliche Aufhänger für ein Zwiegespräche können sein: Ich rede von mir. Ich erzähle, wie ich etwas erlebt habe. Ich rede von meinen Ängsten, Wünschen und Erlebnissen. Ich teile, was mich gerade bewegt.
- Jede*r spricht etwa 10 Minuten, dann spricht der*die andere. Ob ihr euch 30, 60 oder mehr Minuten für ein Gespräch nehmt, hängt von eurer individuellen Situation ab. Nicht alle Paare haben so viel Zeit am Stück.
- Das Gesagte wird nicht interpretiert, kommentiert, niemand rechtfertigt sich oder macht Anschuldigungen.
- Der*Die Redende wird nicht unterbrochen oder durch Gesten verunsichert. Es soll ein freier Raum zwischen beiden Partner*innen geschaffen werden, um offen zu reden.
- Die Gespräche sollten regelmäßig, am besten einmal wöchentlich stattfinden.
- Vielleicht hilft es, vorher auszuschließen, dass es um die Erkrankung des Kindes in Verbindung mit Organisatorischem geht. Gefühle und Ängste rund um dieses Thema haben natürlich trotzdem Platz.
- Wenn durch räumliche Trennung kein wöchentliches Gespräch möglich ist, können Themen auch gesammelt werden. Wichtige Gedanken und Gefühle verschwinden durchs Aufschieben selten.

Zwiegespräche können helfen, wieder miteinander in Kontakt zu kommen oder aber den Kontakt gar nicht erst zu verlieren. Denn Gespräche fallen schwer, wenn die Situation sowieso schon schwierig und angespannt ist. Menschen öffnen sich und ihre Gefühle ungern in Krisensituationen. Zum einen, weil sie nicht verletzen möchten, zum anderen, weil die Angst besteht, zusätzliche Konflikte und Emotionen zu schaffen. Werden aber eigenen Gedanken und Empfindungen thematisiert, hilft es auch dem Gegenüber, sich besser zu verstehen und Dinge besser einzuordnen. Wie schon gesagt: Ihr erlebt eine Situation zusammen, die ihr als Eltern und Menschen so niemals geplant habt. Umso wichtiger, dass ihr nun nicht die Verbindung zueinander verliert.

Inseln schaffen

Nehmt euch für den Anfang nicht zu viel vor, schraubt eure Erwartungen zurück – aber arbeitet beständig daran, Paar zu bleiben. Kleine Schritte im Alltag, kleine Inseln und immer wieder etwas Zweisamkeit können eure Verbindung bewahren.

Es ist natürlich abhängig von eurer Situation, ob ihr die Hilfe von Babysitter*innen nutzen könnt. Nicht alle trauen sich zu, Medikamente zu geben, die Ernährung zu kontrollieren oder anderes. Doch vielleicht gibt es Großeltern oder gute Freund*innen, die euch gerne unterstützen und für eine kurze Zeit auf die Kinder aufpassen. So habt ihr als Paar die Möglichkeit, zusammen essen zu gehen, zu bummeln und so weiter. Etwas außerhalb der eigenen vier Wände ohne Kinder zu unternehmen, kann wie ein kurzer Urlaub sein. Abhängig von der Behandlung und dem Befinden eures Kindes ist es vielleicht sogar möglich, ein oder zwei Tage wegzufahren.

Sind einfach keine Auszeiten möglich und habt ihr als Paar das Gefühl, im Alltag um Therapien, Behandlungen und Organisation unterzugehen, solltet ihr euch Unterstützung holen. Das klingt im ersten Moment simpel, ist aber oft mit bürokratischem Aufwand und Wartezeiten verbunden. Kümmert euch also möglichst rechtzeitig darum. Ein Paarcoach kann euch unterstützen, indem er*sie mit neutralerem Blick von außen darauf schaut, wie ihr als Paar besser zusammen agieren könnt oder welche Möglichkeiten es noch gibt, Inseln für euch im Alltag zu schaffen. Oft bieten Kliniken, in denen die Kinder behandelt werden, psychologische Unterstützung an, die auch Paare in Anspruch nehmen können. Verbände und Vereine, die sich speziell an Eltern mit chronisch erkrankten Kindern richten, haben auch Angebote für betroffene Eltern oder können auf einen Pool aus Ideen zurückgreifen.

Ist es notwendig, dass das Kind eine Zeit lang klinisch betreut wird, ist oft ein Elternteil beim Kind, während der andere zu Hause (bei den Geschwistern) ist. Hier Momente zum Reden zu finden, ist schwierig. Doch Besuch von Großeltern oder Freund*innen kann sinnvoll genutzt werden. In der Zeit ist jemand bei den Kindern, sodass ihr als Eltern spazieren gehen oder vielleicht ein nahegelegenes Bistro besuchen könnt. Für einen Moment die Hand des*der anderen halten, ungestört reden oder auch einfach Schweigen – solche Kleinigkeiten können schon viel ausrichten.

Reib dich nicht völlig auf, denk auch an dich und deine Partnerschaft. Das Wohlergehen von beidem hat einen großen Einfluss auf das deines Kindes. Es ist also wichtig und richtig, auch Energie in die Beziehung zu stecken.

IDEEN FÜR KLEINE ZUWENDUNGEN IM NEUEN ALLTAG

Wie war dein Tag?
Eine kleine Frage mit großer Wirkung. Nimm dir die Zeit und frag deine*n Partner*in am Abend nach seinem Tag. Höre aufmerksam zu.

„Danke!"
Nimm wahr, was dein*e Partner*in leistet und sage ihm*ihr einfach mal „Danke".

Teamwork
Nicht nur die Ärzt*innen und Angehörige sind Teil des Teams FÜR dein Kind. Auch du und dein*e Partner*in gehören dazu, indem jede*r Aufgaben übernimmt, die er oder sie gut kann. Das herauszufinden und zuzugestehen ist wichtig.

Euch eine Pause gönnen
Wie steht es um eure Hobbys und Freizeit? Wenn ihr euch gegenseitig dabei unterstützt, auch als eigene Person den Interessen und Hobbys nachgehen zu können, stärkt das die Wahrnehmung füreinander. Sei es ein freier Abend für jede*n von euch, eine ungestörte Nacht oder das Ausschlafen am Wochenende.

Berührungen und gute Worte
Fasst euch an den Händen, lehnt euch an die Schulter des*der anderen oder sagt euch, dass ihr euch liebt, braucht und schätzt. Wie wäre es mit einer Botschaft in der Jackentasche des*der anderen oder einer SMS, in der es nur um das Gefühl für den*die andere*n geht und nicht um die Organisation von Behandlungen?

Kleine Aufmerksamkeiten
Du kaufst die Lieblingsblumen deines*deiner Partner*in? Du siehst den Lieblingswein im Regal stehen und kaufst ihn für euch? Diese Gesten zeigen, dass ihr aneinander denkt und wisst, was der andere mag.

ÄRZT*INNEN, PRAXEN UND KLINIKEN

*Ein wichtiger Fakt, den du niemals vergessen darfst: Ihr müsst da nicht allein durch! Zusammen mit Ärzt*innen, Arztpraxen und Kliniken kämpfst du für dein chronisch krankes Kind. Zusammen seid ihr ein Team mit demselben Ziel. Dafür musst du dich auf die neuen Partner*innen an deiner Seite einlassen, eine Beziehung zu ihnen aufbauen und vor allem auch dafür sorgen, dass dein Kind ähnlich denkt und fühlt.*

Deine neuen Teammitglieder

Liegt eine ernsthafte Erkrankung bei Kindern vor, greift häufig ein gut ausgebildetes Netzwerk aus Ärzt*innen, Pflegepersonal, Psycholog*innen und Sozialarbeiter*innen. Je nach Krankheitsbild gibt es verschiedene Arbeitsgruppen, die zum Teil in ganz Deutschland und darüber hinaus miteinander vernetzt sind. Der ortsunabhängige fachliche Austausch ermöglicht einen ausgeklügelten Therapieplan für dein Kind. Für viele Ärzt*innen ist diese Art der Zusammenarbeit selbstverständlich, sodass sie das nicht extra erwähnen. Es kann dir als Elternteil aber ein gutes Gefühl geben, zu wissen, dass ein Team für dein Kind kämpft. Also frag nach, wie die behandelnden Ärzt*innen sich austauschen und auf welche Netzwerke sie zurückgreifen. So kannst du auch besser einschätzen, ob eine zweite Meinung sinnvoll oder überhaupt nötig wäre. Generell ist der Gedanke „Im Team für mein Kind“ sehr hilfreich. Egal, ob es um Ärzt*innen, Familie oder weitere Netzwerke geht.

Ärzt*innen als Vertrauenspersonen

Die meisten Kinderärzt*innen haben eine besondere Art und begeben sich oft auf Augenhöhe mit dem Kind, um eine Verbindung aufzubauen, die Eltern abzuholen und eine Einheit mit betroffenen Familien zu bilden. Das ist aber nicht immer der Fall. Wie im normalen Leben mag jede*r manche Menschen mehr als andere. Das gilt auch im Klinikalltag, sowohl für dich als auch für dein Kind. Wichtig ist deswegen, dass dein Kind nicht merkt, wenn du eine*n Ärzt*in, der*die gleich Blut abnehmen soll oder die Narkose begleitet, nicht magst. Dein Misstrauen überträgt sich auf dein Kind und kann so den Behandlungsverlauf erschweren. Deswegen ist der Aufbau von Vertrauen das Wichtigste in der Zusammenarbeit mit Mediziner*innen. Dein Kind beobachtet dich ganz genau und spürt, ob du den Menschen um euch herum vertraust oder nicht. Dein Gefühl überträgt sich nahezu 1:1 auf dein Kind. Oft aber ist es schwierig, in medizinischen Gesprächen und Behandlungen eine Beziehung und Vertrauen aufzubauen, denn dein Kind steht dann unter enormem Stress. Versuche deswegen, außerhalb dieser Situationen und direkt davor, dein Kind in diesen Prozess einzubeziehen. Fasse in Worte, was du siehst und wahrnimmst. Zum Beispiel: „Schau mal, wie viel Dr. XY zu tun hat. Da läuft sie von Tür zu Tür. Und so schnell, um möglichst vielen Kindern zu helfen.“ Zu beschreiben, was du siehst und wahrnimmst, signalisiert deinem Kind, dass du dich in andere Personen, in diesem Fall die Ärzt*innen, hineinversetzen kannst und dich für sie interessierst. Beides sind wichtige Bestandteile von Vertrauen und Wertschätzung.

Eine weitere Sichtweise, die helfen kann, auch mit Ärzt*innen, die dir menschlich nicht besonders nahe sind, eine Verbindung aufzubauen: Sieh die Ärzt*innen als Teil deines Teams an. Zusammen seid ihr ein Team oder eine Einheit *für* dein Kind. Jedes Teammitglied ist wichtig, ohne ihn*sie geht es nicht. Dieser Gedanke kann helfen, auch mit Menschen umzugehen, zu denen du nicht sofort eine Beziehung aufbauen kannst.

Kinder sind generell unbeschwerter, wenn sie neue Menschen kennenlernen. Sie sagen meist frei heraus ihre Meinung und sind interessiert an ihrem Gegenüber. Manche Kinder stellen gerne persönliche Fragen nach Namen, den Kindern oder Haustieren. Vielleicht findet sich so schneller eine Verbindung zwischen Mediziner*in und Kind, also lass diese Fragen ruhig zu. Wenn jemand nicht darauf antworten möchte, wird er*sie es mitteilen.

Unser Sohn dachte immer, die Ärzte, die ihn in der Klinik betreuten, wohnen auch dort. Schließlich waren sie in seinen Augen immer da. Deswegen haben die Ärzte ihm immer beschrieben, wie ihre Zuhause aussehen, und mein Sohn hat interessiert nachgefragt. Es ging dabei weniger um die wahren Informationen. Aber im Gespräch war er oft so vertieft und abgelenkt, dass er gar nicht gemerkt hat, wie schnell die Untersuchung vorbei war.

▶ *Peggy, Sohn hat Multiple Sklerose*

Es ist schwierig, Menschen das eigene Kind und dessen Wohlergehen anzuvertrauen, wenn du diese wenig bis gar nicht kennst. Während man bei der Eingewöhnung bei der*dem Tagesmutter*vater oder im Kindergarten viel Zeit hat, um Vertrauen zu fassen, gibt es bei der medizinischen Versorgung oft keinen zeitlichen Spielraum. Unter den gegebenen Umständen gibt es keine Alternative. Wenn du nur wenig über die Behandelnden und ihre Qualifikationen weißt, ist das ein großer Schritt.

Mein größtes Problem war, dass ich vollkommen fremden Menschen mein Kind anvertraut habe. Auf ihren Namenschildern standen Titel und Berufsbezeichnungen. Was, wenn sie nur der Hausmeister waren? Das klingt heute witzig, aber damals dachte ich immer: Was, wenn einer von denen nicht gut ist und gar nicht weiß, was er da tut. Immerhin ging es um unsere Tochter.

▶ *Jan, Tochter hatte ein Neuroblastom*

Dein eigenes Vertrauen in die Behandlung deines Kindes ist wichtig. Es ist aber nicht immer sofort da. Deswegen ist es vollkommen okay, Fragen zu stellen. Nicht nur, wie die Behandlung ablaufen wird und was notwendig ist. Du darfst auch fragen, wo jemand studiert hat, was seine*ihre Spezialisierung ist und was ihn*sie qualifiziert. Für Ärzt*innen ist es Alltag und Normalität, sich um eine Vielzahl von Patient*innen zu kümmern, ohne sich immer wieder aufs Neue vorzustellen. Hilft es aber den Eltern, ein besseres Gefühl zu bekommen, beantworten Mediziner*innen sicher auch Fragen zu ihrer Ausbildung und mehr.

Kindern dagegen ist das egal. Für sie sind Ärzt*innen genauso faszinierend wie Busfahrer*innen oder Köch*innen. Deswegen sollen sie ihre kindliche Sichtweise und Faszination auch in Worte fassen dürfen und ihre Fantasie benutzen. Vielleicht sind Mediziner*innen in den Augen einiger Kinder eher Zauberer und Fabelwesen, die mit etwas Magie den Kindern helfen. Lass dich auf diese Spiele ein, wenn du merkst, dass es deinem Kind so leichter fällt, sich behandeln zu lassen. Nicht selten greifen Ärzt*innen diese Fantasiewelten auf, um den Kindern ihre Untersuchungen und Behandlungen zu erleichtern.

Kinder brauchen nicht das Gefühl, dass eine Art Hörigkeit mit Ärzt*innen verbunden wird. Den Vergleich mit „Göttern in Weiß" kennen Kinder nicht und auch die jüngeren (Eltern-)Generationen kennen dieses Bild eher aus ihrer Kindheit. Es ist also möglich, das Bild abzulegen und keine Kluft zwischen Ärzt*innen und Kind entstehen zu lassen. Kinder können das selten einordnen und es ist auch nicht hilfreich für die Behandlung, wenn sie diese Unterscheidung wahrnehmen. Im Gegenteil: Je menschlicher und normaler der Umgang zwischen Mediziner*innen und den betroffenen Familien abläuft (unter speziellen Bedingungen), umso besser kann die Behandlung und Therapie durchgeführt werden.

Die Bindung zwischen Kind und Ärzt*innen

Gerade bei chronischen Erkrankungen seht ihr die Ärzt*innen häufiger als zu normalen Vorsorge-Untersuchungen. Mit der Zeit entsteht eine Verbindung zwischen deinem Kind und seinen Ärzt*innen. Ob diese positiv oder negativ ist, lässt sich schon zu Beginn der Behandlungen etwas beeinflussen. Wie schon erwähnt, ist es Kindern egal, wie viele Titel, Veröffentlichungen & Co. jemand hat. Für sie ist es wichtig, dass sie sich ernst genommen fühlen und auf sie eingegangen wird. Ist dein Kind besonders fantasievoll, nutzt diese Fantasie während der Behandlungen und Untersuchungen. Injektionen können zu Schmetterlingen auf der Haut werden, Medizin zu Zaubertrank und Krankenpfleger*innen zu Feen und Wichteln.

Andere Kinder sind sehr interessiert und neugierig. Hier ist es hilfreich, wenn die Ärzt*innen auf die Neugier eingehen und alles genau erklären. Was passiert im Körper? Wie funktioniert ein Gerät? Was genau machen die Ärzt*innen da? Achte auf dein Kind, du kennst es am besten. Sobald sich abzeichnet, dass ihr bestimmte Mediziner*innen häufiger seht, kannst du die Beziehung zwischen den beiden mitbestimmen, indem du versuchst, ein Gespräch zu starten, oder den Ärzt*innen Tipps gibst, wie sie am besten auf dein Kind reagieren.

> *Wir waren oft auf der Station für Augenheilkunde. Dort gibt es keine Kinderärzte, das hat man gemerkt. Die Assistenzärzte waren mit unserem dreijährigen Sohn und seiner fantasievollen Art oft überfordert. Das hat auch er gespürt. Nur der Oberarzt hatte einen Draht zu ihm und sich viel Zeit für ihn und seine Geschichten genommen. Das half ungemein, denn mein Sohn hat sich immer auf diesen Oberarzt gefreut.*
>
> ▶ *Susanne, Sohn hatte ein unilaterales Retinoblastom*

Gerade Ärzt*innen, die viel und oft mit Kindern zu tun haben, finden schneller eine Verbindung zu ihnen als andere. Für Ärzt*innen ist es deswegen hilfreich, wenn sie ein paar Infos zu deinem Kind haben, die nicht in den medizinischen Akten stehen. Viele Mediziner*innen, die täglich mit Kindern zu tun haben, kennen auch die gängigen Serienstars, Comichelden und Märchenfiguren, um mit den Kindern ein Gespräch anzufangen. Das ist immer hilfreich, um die teils angespannte Situation zwischen kleinen Patient*innen und Ärzt*innen aufzulockern und die Untersuchungen durch subtile Ablenkungen und Gespräche zu erleichtern.

Klinikleben: Strategien im Umgang mit stationären Behandlungen

Der Weg zur Diagnose einer chronischen Erkrankung ist nicht immer geradlinig und einfach. Oft ist er von längeren Untersuchungen und auch Klinikaufenthalten geprägt. Und selbst mit einer klaren Diagnose hören die nicht auf. Behandlungen, Untersuchungen oder Operationen können folgen und damit häufige oder längere Besuche in Kinderkliniken und Krankenhäusern. Je mehr Zeit dort verbracht wird, desto mürber macht es dich und dein Kind. Es ist also wichtig, die Aufenthalte so gut wie möglich zu gestalten – für dein Kind und auch für dich selbst.

> *Wenn man stationär ist, sollte man sich immer mit den Krankenpflegern gut stellen. Das sind die echten Helden, die braucht man. Schließlich sieht man sie am häufigsten, die muss man auf seiner Seite haben.*
> *▶ Josefine, Kinder haben lymphoblastische Leukämie sowie ADHS und Asthma*

Wie dein Kind die Klink mögen lernt

Egal, wie alt dein Kind ist, im Krankenhaus erlebt es neue und oft unverständliche Situationen. Es lernt neue Menschen kennen, die immer wieder wechseln. Durch Schichtbetrieb und Ausbildungssituationen von Ärzt*innen sind die Menschen, die dein Kind heute kennen und vielleicht auch mögen lernt, morgen schon woanders tätig. Es ist also schwer, zu jedem*jeder der behandelnden Ärzt*innen und Pfleger*innen ein Vertrauensverhältnis aufzubauen. Auf vielen Fach- und Kinderstationen wird mittlerweile auf eine gewisse Konstanz beim medizinischen Personal geachtet, sodass die Kinder die Ärzt*innen und Pfleger*innen um sich kennen. Das schafft Verlässlichkeit für dein Kind.

Trotzdem gibt es viele Eindrücke in der Klinik, die auf Kinder einprasseln. Neue Räume und ständige Untersuchungen oder Behandlungen kennt es sonst nicht. Geräte, Menschen, Abläufe sind ebenfalls anders als zu Hause. Umso schöner ist es, wenn manche Dinge sich nicht ändern. Das erscheint auf den ersten Blick vielleicht wie eine Kleinigkeit, aber für Kinder können diese kleinen Dinge wertvoll sein.

KLEINIGKEITEN, UM DAS KRANKENZIMMER SCHÖNER ZU MACHEN

- Die liebsten Spielsachen von zu Hause
- Plüschtiere, ein Nachtlicht oder auch ein Wandbild aus dem Kinderzimmer
- Gemalte Bilder von Freund*innen oder Verwandten als Zeichen: Hier denken Menschen an dich
- Eine Tagesdecke vom Bett zu Hause oder die Kuschelkissen für ein gemütliches Klinikbett
- Fotos von Familie und Freund*innen, die nicht immer da sein können

All das kann es deinem Kind leichter machen, sich wohlzufühlen und den klinischen Alltag kurz zu vergessen.

Aber nicht nur die Optik des Krankenzimmers lässt sich anpassen. Auch die Atmosphäre und vor allem das Miteinander zwischen dir und deinem Kind sollten so sein, dass ihr euch beide wohlfühlt. Um dein Kind möglichst gut zu unterstützen und das wohl wichtigste Signal zu geben – „Du bist nicht allein“– sollte immer ein Elternteil oder eine andere wichtige Bezugsperson bei ihm sein.

Hier einige Tipps, die euch die Zeit in der Klinik erleichtern

Normalität
Füllt neben Untersuchungen und Behandlungen so viel freie Zeit wie möglich mit „normalen" Tätigkeiten: Spielt, lest, schaut einen Film zusammen oder geht – wenn möglich – zusammen an die frische Luft. Das lenkt nicht nur dich und dein Kind von den Sorgen ab, sondern vertieft auch eure Bindung.

Besuch
Sorgt für regelmäßigen Besuch von Familie und Freund*innen. Das ist nicht nur eine Pause für dich, sondern auch Abwechslung für dein Kind. (Mehr dazu im nächsten Kapitel.)

Lieblingsessen
Krankenhausessen kann gut sein, muss es aber nicht. Vor allem Kinder können das Essen dort verweigern, weil sie lieber woanders wären. Wenn dein Kind also gerne Omas Tomatensauce isst, lasst sie euch mitbringen. Vor Ort gibt es meist Elternküchen, in denen ihr das Essen aufwärmen könnt.

Snacken
Generell gilt beim Thema Essen in Krankenhäusern: Die ungewohnte Situation, bestimmte Behandlungen oder die generelle Anspannung verderben nicht nur dir den Appetit. Auch dein Kind isst vielleicht anders als sonst. Das ist okay. Wenn also etwas mehr Süßigkeiten als sonst in den Kindermund wandern, dann ist das so. Biete regelmäßig Snack-Teller mit Obst, Gemüse und anderen leckeren Dingen an. Dein Kind wird sich holen, was es braucht.

Da sein

Deine Anwesenheit oder die anderer Bezugspersonen schafft Sicherheit, gerade wenn Situationen unplanbar und neu sind. Das ist anstrengend und zehrt an den Kräften, aber für dein Kind ist es wichtig. Es wird Dinge geben, die schwierig sind. Dein eigenes Kind zum Beispiel in die Narkose gehen zu sehen, ist nicht einfach zu verkraften. Aber für dein Kind und dich ist es wichtig und richtig, dass du dabei bist – wenn möglich. Auch beim Aufwachen gibt es deinem Kind ein gutes Gefühl, nicht allein zu sein. Für kleinere Kinder sind auch Blutabnahmen oder Injektionen schwer auszuhalten. Dass Mama oder Papa dabei aber da sind, gibt deinem Kind etwas Sicherheit und Trost.

Erklären

Injektionen sind es auch oft, die Ärzt*innen bei Kindern in Ungnade fallen lassen, schließlich tut eine Spritze weh. Deswegen ist es gut, wenn du deinem Kind erklärst, warum der*die Ärzt*in das macht. Selbst wenn Teile der Behandlung oder Untersuchung wehtun, machen die Ärzt*innen das nicht absichtlich. Je nach Alter des Kindes kann es sinnvoll sein, fantasievolle Vergleiche zu finden oder aber, die kommenden Schritte im Detail zu beschreiben, sodass sich dein Kind (und auch du) etwas darunter vorstellen kann. Manche Kinder wollen auch wissen, was mit Blut oder Gewebe passiert, wenn es entnommen wurde. Auch das darfst du erklären, wenn es passt.

Antworten

Dein Kind wird Fragen stellen. „Warum bin ich hier? Was passiert mit mir? Wieso muss dieses oder jenes gemacht werden?“ So schwierig es ist, beantworte diese Fragen immer ehrlich und entsprechend dem Alter.

Mitschreiben

Nicht nur dein Kind hat Fragen oder Sorgen: Auch du wirst dir viele Gedanken machen. Da Ärzt*innen nicht permanent zu sprechen sind, schreibe alles in ein Notizbuch. Auch das Befinden deines Kindes, seine Ernährung oder andere Infos können für die Behandlung hilfreich sein. Vielleicht lohnt es sich auch, die Infos, die du im Laufe eures Aufenthalts bekommst, dort festzuhalten, um ebenso wie die Pfleger*innen und Ärzt*innen einen Überblick zu haben.

Ehrlichkeit

Lügen ist doof. Das bringen wir Kindern von klein auf bei und sollten es deswegen nicht vormachen. Egal, was passiert, Kinder merken, wenn Eltern sie anlügen oder unsicher sind. Das Vertrauen zwischen dir und deinem Kind ist so wichtig und darf während der Behandlung nie leiden. Deswegen: Ja, Spritzen tun kurz weh. Aber sie helfen. Sei ehrlich zu deinem Kind.

Wir haben so viel wie möglich von zu Hause mitgebracht, um es unserer Tochter so annehmlich und vertraut wie möglich zu machen. Wir haben sehr viel mit ihr gelesen, Filme geschaut und Gesellschaftsspiele gespielt.

▸ Ulrike, Tochter hat Osteogenesis imperfecta/Glasknochenkrankheit

Es gibt aber auch Situationen, in denen du nicht sicherstellen kannst, rund um die Uhr bei deinem Kind zu sein. Besprich das vor Ort mit dem Pflegepersonal, sodass jemand erreichbar ist und gewisse Zeiten eventuell mit freiwilligen Besuchsdiensten, Auszubildenden oder Sozialarbeiter*innen abgedeckt werden können. Wichtig ist, dass diese Situationen offen mit allen Beteiligten besprochen werden – auch mit deinem Kind. Vielleicht hilft auch hier der einleitende „Teamgedanke“: Du schaffst das Team für dein Kind. Niemand kann das allein bewerkstelligen. Aber ein Team braucht auch einen Austausch und offene Gespräche, um zu funktionieren.

Besuch als Hilfe und Abwechslung

Besuch ist nicht nur eine willkommene Abwechslung im Klinikalltag. Vor allem für dich kann er auch eine enorme Hilfe sein. Denn rund um die Uhr im Krankenzimmer beim Kind zu sein, kostet Kraft und Nerven. Wenn dann jemand da ist, der kurz aufs Kind aufpasst, mit ihm spielt oder etwas vorliest, ist es eine gute Möglichkeit für dich, selbst einmal kurz durchzuatmen.

> *Da ich kurz vor dem Examen war, hab ich tatsächlich alle meine Unterrichtsmaterialien mit in die Klinik geschleppt, weil ich dachte, ich könnte da lernen. Ich hatte ja überhaupt keine Vorstellungen davon, was da auf uns zukommen würde.*
> *Josefine, Kinder haben lymphoblastische Leukämie sowie ADHS und Asthma*

Egal, wer zu Besuch kommt, wichtig ist, dass er*sie dir und deinem Kind bekannt und wichtig ist. So ist das Vertrauen auf Seiten des Kindes schon da und du kannst dir sicher sein, dass dein Kind sich wohlfühlt. Mit dieser Sicherheit kannst du vielleicht auch für kurze Zeit gehen. Es hilft schon, wenn du einmal allein rausgehst, die Gedanken schweifen lässt und eventuell angestaute Emotionen rauslässt. Tue dir etwas Gutes in der kurzen Zeit, denn diese Momente sind auch für dich unerlässlich.

Besucher*innen sind also auch wichtig für dein eigenes Seelenheil. Denn wenn du den ganzen Tag nur mit deinem Kind oder dessen Ärzt*innen sprichst, wirst du irgendwann mürbe. Besucher*innen sorgen auch für dich für Abwechslung, denn du kannst dir von ihrem Leben erzählen lassen, deine Sorgen teilen oder einfach dabei zuschauen, wie dein Kind glücklich mit einer ihm vertrauten Person spielt.

GESPRÄCHE MIT ANDEREN PATIENT*INNEN UND ELTERN

Im Krankenhaus lernst du mitunter auch andere Eltern kennen. Egal auf welcher Station, ihr alle werdet unterschiedliche Geschichten, Diagnosen und Werdegänge haben. Deswegen überleg dir gut, wann und was du erzählst. Dabei geht es weniger darum, eure Geschichte als Geheimnis zu wahren. Es geht eher um dein Kind.

Zum einen kannst du es verunsichern, wenn es mithört und du verständlicherweise mit Erwachsenen anders redest als mit ihm selbst. Zum anderen kennst du die Geschichte eures Gegenübers nicht. Selbst mit der gleichen Diagnose kann der Behandlungsweg ganz anders verlaufen und zu viel Wissen kann Unsicherheiten und Ängste bei dir oder deinem Gegenüber schüren. Frage dich also immer: Was würde ich auch meinem Kind erzählen, um es über alles auf dem Laufenden zu halten?

Nichtsdestotrotz können auf Krankenhausfluren und in Arztpraxen auch Bekanntschaften oder Freundschaften entstehen, weil du jemanden gefunden hast, mit dem du dich anders austauschen kannst, als mit Freund*innen oder Bekannten, die meilenweit entfernt scheinen. Du wirst spüren, wie weit du dich anderen gegenüber öffnen kannst.

Fantasie und Ideenreichtum

Der Alltag in Klinik oder Arztpraxen muss nicht zwangsläufig grau sein. Lass zusammen mit deinem Kind etwas Fantasie und Farbe einziehen. Sei es über die Art der Einrichtung (siehe oben) oder durch Gedanken und Geschichten, die ihr zusammen spinnt. Je größer dein Kind, desto mehr ersetzen Fakten die Fantasie. **Du bist der*die Expert*in für dein Kind, du weißt, was ihm helfen kann.**

Wir haben unserem Kind ein Plüschtier besorgt. Es saß eines Morgens vor dem Fenster mit einem Brief: „Hallo, ich habe gehört du hast Multiple Sklerose. Das habe ich auch. Kannst du mich mit zum Arzt nehmen, dann hilft er uns beiden." Seitdem wandert dieses Tier überall mit hin, wurde immer mit verarztet und untersucht. Das half unserem Sohn ungemein.
▶ Peggy, Sohn hat Multiple Sklerose

Ideen für kleinere Kinder

Lass mit Diagnose der Krankheit ein Plüschtier oder eine Figur einziehen, die das Gleiche hat wie dein Kind. Es kommt zu allen Untersuchungen mit, kann von den Ärzt*innen ebenso behandelt werden und ist ein liebgewonnener Begleiter, der Trost spenden kann.

- Denkt euch zusammen Geschichten über die Ärzt*innen, Pfleger*innen & Co. aus. Welche Figuren können sie sein?
- Was erleben sie, wenn sie aus der Tür raus sind? Welche Aufgaben hätten sie in einem Märchen? Welche Tiere verstecken sich immer unbemerkt in der Klinik und vor allem wo? Spinnt euch eine kleine Welt zusammen, die das Kind ablenkt und mitzieht.
- Malt gemeinsam ein großes Wimmelbild aller Menschen um euch rum. Was macht der Pfleger, wenn niemand hinsieht? Versteckt sich in der Besenkammer vielleicht ein Fabelwesen? Malt alles, was ihr euch vorstellen könnt oder das Kind sich wünscht.
- Es gibt viele Bücher, die Arzt- und Klinikbesuche altersgerecht thematisieren. Schaut diese zusammen an und sucht Parallelen zu eurem aktuellen Alltag. So versteht dein Kind noch ein bisschen besser, was gerade mit ihm und im Drumherum passiert.

Ideen für größere Kinder

- Auch größere Kinder können sich fantasievolle Geschichten ausdenken und diese zum Beispiel aufschreiben, um dem Krankenhaus etwas Fantasy-Stimmung zu geben.
- Die Klinik durch Kinderaugen: Gib deinem Kind eine Kamera oder das Smartphone und lass es Bilder machen. Wie sieht es Details, Orte oder Gegenstände? Natürlich sollte es keine Menschen oder Behandlungen fotografieren. Redet vorher am besten darüber, was es aufnehmen kann.
- Lass dein Kind malen. Wie sieht die Lieblingsärztin als Comicfigur aus? Was verbirgt sich im geheimnisvollen Schrank auf dem Flur? Welche Superheldenkostüme tragen die Pfleger*innen nach Feierabend? Das ist nicht nur eine sinnvolle Beschäftigung, sondern auch eine spannende Art, die Dinge zu verarbeiten.

Deine Kraftreserven

Sind wir ehrlich: Mit dem eigenen Kind im Krankenhaus zu sein, geht an die Substanz. Nicht nur, weil du 24/7 versuchst, die Laune und Motivation deines Kindes zugunsten der Behandlung aufrechtzuhalten. Sondern auch, weil wir als Eltern dabei nahezu gar nicht an uns denken und so die Kraftreserven schwinden. Wie auch? Alles, was wir für uns tun könnten, muss einen minimalen Radius haben, darf nicht sonderlich laut sein und im besten Fall lässt du dein Kind nicht allein. Die Zahl der Möglichkeiten schwindet. Aber dennoch gibt es Dinge, die du für dich machen kannst, um nicht komplett kraftlos zurückzubleiben.

- Lass dir gute Bücher mitbringen. Statt in kurzen Pausen aufs Handy zu schauen und dort nur belanglosen oder beneidenswerten Alltag anderer in den sozialen Medien zu verfolgen, lies einige Seiten.
- Statt Lesen kann dir auch eine Handarbeit oder etwas Kreatives wie Zeichnen helfen, runterzukommen.

- Schlaf! Auf Kinderstationen geht das Licht früher aus. Nutz die Zeit und leg dich mit deinem Kind hin, um Kraft zu tanken. Denn leider geht das Licht im Krankenhaus auch wesentlich früher wieder an, als zu Hause.
- Geht raus. Sofern möglich, macht kleine Spaziergänge zusammen. Frische Luft ohne piepsende Geräte lässt dich etwas runterkommen. Vielleicht gibt es auf dem Klinikgelände ein Bistro mit gutem Kaffee. Definiere das als deinen Seelenmoment am Tag.
- Bleib bei dir. Nutze die abendliche Ruhe, wenn die Lichter aus sind für eine kurze Meditation oder ein paar Zeilen in einem Tagebuch. Schreibe auf, was heute gut war und wofür du dankbar bist.
- Krankenzimmer und die dazugehörigen Bäder sind keine Wellnesstempel. Aber vielleicht kannst du dir doch etwas Zeit nehmen, zum Beispiel wenn Besuch da ist, und entspannt duschen. Lass dir dein Lieblingsduschbad und dazugehörige Bodylotion mitbringen und schließ dich ein.

Das sind nur einige Ideen, die dir helfen sollen, die Kraftreserven mit kleinen Dingen zu füllen und dir Inseln zu schaffen, die dir an diesem Ort guttun. Denn auch du musst Kraft tanken. Im Gegensatz zu deinem Kind hast du aber niemanden außer dir selbst, der sich darum kümmert. Also tu dir selbst etwas Gutes!

> *Wenn das Kind nicht isoliert werden muss und mobil ist, kann man am Stationsleben teilhaben. Das hilft dabei, diese Zeit nicht allein durchstehen zu müssen.*
> *▶ Franzi, Tochter hat Mukoviszidose*

LEITGEDANKEN

Die Begleitung und Betreuung eines chronisch kranken Kindes sowie das Wahren aller relevanten Bedürfnisse und der eigenen Kräfte werden dir viel abverlangen. Nicht immer wird es klappen, allem gerecht zu werden. Wenn du gerade mitten drin steckst in dem Wahnsinn und der Unsicherheit der ersten Zeit und vielleicht keine Zeit hast, ein ganzes Buch zu lesen, sind hier die Leitgedanken, die du auf jeden Fall mitnehmen solltest. Denn sie ziehen sich wie ein roter Faden nicht nur durch das Buch, sondern von nun an auch durch dein Leben mit chronisch krankem Kind:

- **Du bist nicht allein**. Du hast deine Familie, andere betroffene Familien (in Kliniken und Praxen), Freund*innen und Verwandte. Nimm die Menschen um dich wahr, die dir helfen möchten und für dich da sind.
- **Achte auch auf dich**. Denn chronisch kranke Kinder brauchen starke Eltern und gute Vorbilder im Umgang mit sich selbst.
- **Du kannst nicht immer stark und positiv sein**. Gefühle werden dich oft überwältigen, vor allem die Angst. Diese Gefühle sind okay. Sie dürfen da sein, aber sie sollen dich nicht permanent einnehmen.
- **Es ist in Ordnung, zu fluchen.** Mehr als einmal und auch gerne laut. Es hilft nicht, aber es schadet auch nicht.
- **Verliere nicht den Blick auf das Gute** – in eurem neuen Alltag, aber auch in Details. Es ist nicht immer leicht zu finden, aber es ist da. Die Wahrnehmung macht den Unterschied und schult deinen Blick.
- **Bleib auf Augenhöhe mit deinem Kind.** Auch wenn du als Elternteil immer auf dein Kind aufpassen möchtest, kannst du es nicht in Watte packen und vor allem beschützen. Redet offen miteinander, nur so bleibt das Vertrauen in die Situation und zueinander bestehen.

- **Hole dir Hilfe, wenn du merkst, es geht nicht mehr.** Egal ob für dich oder dein Kind. Kein Buch ersetzt eine Beratung, Therapie oder Begleitung durch medizinisches oder therapeutisches Fachpersonal.

Die Geschichten anderer Familien, die du in diesem Buch kennengelernt hast, zeigen dir einige Tiefen aber genauso Höhen im Zusammenleben mit ihrem chronisch kranken Kind. Alle haben ihren Weg und ihren Umgang miteinander gefunden. Manche der Kinder gelten als „gesund“, andere werden noch länger oder auch ihr Leben lang mit ihrer Erkrankung leben. Keine Geschichte, kein Schicksal ist vergleichbar und dennoch geben sie alle das Gefühl, dass man diese Situation überstehen und mit ihr wachsen kann.

HILFREICHE LINKS

*Der Austausch mit anderen Eltern, Kindern und auch versierten Mediziner*innen und Fachpersonal kann in bestimmten Situationen ungemein hilfreich und sogar befreiend sein. Im Folgenden findest du eine unvollständige Auflistung von Vereinen, Gemeinschaften und Webseiten, die es sich zur Aufgabe gemacht haben, Familien und Betroffene zu unterstützen. Da die Zahl der Diagnosen sehr groß ist, können nicht alle Verbände und Vereine hier aufgelistet werden.*

ACHSE e.V. Allianz chronisch seltener Erkrankungen
https://www.achse-online.de/de/

Nationales Aktionsbündnis für Menschen
mit Seltenen Erkrankungen (NAMSE)
https://www.namse.de

knw Kindernetzwerk e.V. – Dachverband der Selbsthilfe
von Familien mit Kindern und jungen Erwachsenen
mit chronischen Erkrankungen und Behinderungen
https://www.kindernetzwerk.de/de/

Bundesverband Herzkranke Kinder e.V. (BVHK)
https://bvhk.de

Arbeitsgemeinschaft Allergiekrankes Kind
https://www.aak.de

Bund diabetischer Kinder und Jugendlicher e.V.
https://www.mein-bdkj.de

Spatz e.V. – Selbsthilfe für Kinder mit chronischer Stoffwechsel-, Hormon- oder Zuckererkrankung
http://www.spatz-ev.de/

Deutsche Kinderkrebsstiftung
http://www.kinderkrebsstiftung.de/

Kinder-Augen-Krebs-Stiftung
https://www.kinderaugenkrebsstiftung.de/

LiBERO – Hilfe für das Kind mit Krankheiten des Nervensystems e.V.
http://www.libero-selbsthilfegruppe.de/

Grace P. Kelly Vereinigung zur Unterstützung Krebskranker Kinder und ihrer Familien e.V.
http://www.grace-p-kelly-vereinigung.de/

Deutsche Multiple Sklerose Gesellschaft (DMSG) Bundesverband e.V.
http://www.dmsg.de/

Mukoviszidose e.V – Helfen. Forschen. Heilen.
https://www.muko.info/spendenhelfen

Tuberöse Sklerose Deutschland e.V.
https://www.tsdev.org/

Deutscher Allergie- und Asthmabund
https://www.daab.de

ADHS Deutschland e.V.
https://www.adhs-deutschland.de/

Bundesverband Williams-Beuren-Syndrom e.V.
https://www.w-b-s.de

Bundesverband zur Begleitung von Familien vorgeburtlich erkrankter Kinder (BFVEK e.V.)
https://bfvek.de

Arbeitsgemeinschaft Spina Bifida und Hydrocephalus e.V.
https://asbh.de

Deutsche Gesellschaft für Muskelkranke e.V.
https://www.dgm.org

epilepsie bundes-elternverband e.V.
https://www.epilepsie-elternverband.de/home/

Bundesarbeitsgemeinschaft Selbsthilfe von Menschen mit Behinderung, chronischer Erkrankung und ihren Angehörigen (BAG SELBSTHILFE e.V.)
https://www.bag-selbsthilfe.de

Kindness for Kids – Stiftung für Kinder mit seltenen Erkrankungen
https://www.kindness-for-kids.de/de

DANKSAGUNG

Natürlich hätte ich lieber ein anderes Buch geschrieben. Denn wer dieses Buch liest, macht gerade eine schwere Zeit durch, die auch wir hinter uns haben. Und genau deswegen habe ich es geschrieben: Um Menschen zu zeigen, dass sie nicht allein sind. Dieses Signal war es auch, was mir durch die erste Zeit der Erkrankung meiner Tochter half. Auch im Prozess des Schreibens war es immer wieder dieser Gedanke, der mich antrieb. Denn dieses Buch zu schreiben, war nicht leicht. Es rief mir immer wieder Situationen und Gefühle in Erinnerung, die schwer für mich waren. Deswegen möchte ich den Menschen danken, die stets an meiner Seite waren.

Meiner Familie, ohne die ich wohl viel mehr im Chaos versunken wäre und die stets da war.

Ich möchte meinen Mann danken, der mit seiner klaren, ruhigen Art mein Fels ist, auch wenn ich diese oft (laut) verfluche. „Das hatten wir noch nie" – unser ungewolltes Motto, das sich seit der Diagnose durch unser Leben zieht. Mit keinem anderen, außer dir!

Ich möchte meinen Kindern danken, die mir mit ihrer jeweils ganz eigenen Art einen Umgang mit Schwierigkeiten gelehrt haben. Sei es mit ungezügelter Wut oder purem Optimismus. Sie halfen mir, den Blick immer wieder aufs Wesentliche zu lenken und vieles anzuerkennen.

Ich möchte meinen engsten Freundinnen danken, die wirklich immer da waren. Danke, dass ich bei euch so sein durfte, wie ich war. Mit allen Tränen, allem Fluchen, allen Hoffnungsschimmern und meinem Gemecker über schlechten Kaffee im Krankenhaus. Ein besonderer Dank gilt Sassi: Ohne dich gäbe es dieses Buch nicht. Danke für die Schubser und die stetige Ermutigung dazu.

Ich möchte allen danken, die mir beim Schreiben des Buchs mit Rat und Tat zur Seite standen. Den Eltern, die mir ihre Geschichten anvertrauten und offen über ihre Erfahrungen gesprochen haben. Alle von ihnen haben ihre ganz eigene Stärke entwickelt, die inspiriert.

Ich danke Juli Schwarnowski und Martina Strotz für ihren konkreten thematischen Input, ihre Ideen und ihre Strategien. Viele davon hätte ich mir damals gewünscht, um nicht den Kopf zu verlieren.

LITERATUR

Bachmann, Sandra: Die Situation von Eltern chronisch kranker Kinder. Hogrefe AG, 2014

Frühe Kindheit: Chronisch kranke Kinder, Heft 01/13

Gottmann, John M.: Die 7 Geheimnisse der glücklichen Ehe. Ullstein, 2011

Juul, Jesper: Unser Kind ist chronisch krank: Kraftquellen für die ganze Familie. Beltz, 2014

Juul, Jesper: Grenzen, Nähe, Respekt: Auf dem Weg zur kompetenten Eltern-Kind-Beziehung. rororo, 2009

Klüver, Nathalie: Die Kunst, keine perfekte Mutter zu sein: Das Selbsthilfebuch für gerade noch nicht ausgebrannte Mütter. Trias, 2018

Lenz, Albert: Psychologische Dimensionen der Partizipation. Überlegungen zu einer theoretischen Fundierung eines Handlungs- und Organisationsprinzips. In: Seckinger, Mike (Hrsg.): Partizipation – ein zentrales Paradigma, Analysen und Berichte aus psychosozialen und medizinischen Handlungsfeldern. Dgvt-Verlag, 2006, S. 13–34.

Medienpädagogischer Forschungsverbund Südwest (Hrsg.): FIM-Studie 2016. Familie, Interaktion, Medien. Untersuchung zur Kommunikation und Mediennutzung in Familien. Online abrufbar unter: https://www.mpfs.de/studien/fim-studie/2016/

Mengel, Ronja; Wedemeyer, Friederike; Wiesemann, Claudia: Partizipation von Kindern und Jugendlichen im Krankenhaus. In: Frühe Kindheit, Heft 04/19

Mierau, Susanne: Mutter. Sein.: Von der Last eines Ideals und dem Glück des eigenen Wegs. Beltz, 2019

Mierau, Susanne: Geborgen wachsen: Wie Kinder glücklich groß werden und Eltern entspannt bleiben. Kösel, 2016

Mierau, Susanne: Geborgene Kindheit: Kinder vertrauensvoll und entspannt begleiten. Kösel, 2017

Möller, Birgit; Gude, Marlies; Herrmann, Jessy; Schepper, Florian: Geschwister chronisch kranker und behinderter Kinder im Fokus. Ein familienorientiertes Beratungskonzept. V&R, 2016

Pinquart, Martin (Hrsg.): Wenn Kinder und Jugendliche körperlich chronisch krank sind. Psychische und soziale Entwicklung, Prävention, Intervention. Springer, 2012

Renz-Polster, Herbert: Menschenkinder: Artgerechte Erziehung – was unser Nachwuchs wirklich braucht. Kösel, 2016

Renz-Polster, Herbert: Kinder verstehen. Born to be wild: Wie die Evolution unsere Kinder prägt. Kösel, 2015

Schulte-Markwort, Michael: Über Angsthasen und Heulsusen – Die Behandlung kindlicher Angststörungen. In: Frühe Kindheit, Heft 03/17

Strobel, Beate U.M.: Heilpädagogik für ErzieherInnen. Ernst Reinhardt Verlag, 2005

Kinder wachsen – Eltern wachsen mit

- So finden Eltern ihren eigenen souveränen Erziehungsstil und schaffen die Basis für eine vertrauensvolle Eltern-Kind-Bindung
- Für alle, die sich im Familienalltag weniger stressen und dennoch ihre Kinder gut erziehen wollen

Ulla Nedebock

Wie wir die Eltern werden, die wir sein wollen

192 Seiten, Softcover
14,5 x 21,5 cm
ISBN 978-3-8426-1653-0
€ 19,99 (D) / € 20,60 (A)

Der Ratgeber ist auch als eBook erhältlich.

Bibliografische Information der Deutschen Nationalbibliothek
Die Deutsche Nationalbibliothek verzeichnet diese Publikation in der deutschen Nationalbibliografie; detaillierte bibliografische Daten sind im Internet über https://dnb.de abrufbar.

ISBN 978-3-8426-1635-6 (Print)
ISBN 978-3-8426-1636-3 (PDF)
ISBN 978-3-8426-1637-0 (EPUB)

Originalausgabe

Die Ratgebermarke der Schlüterschen Verlagsgesellschaft mbH & Co. KG
Hans-Böckler-Allee 7, 30173 Hannover
www.humboldt.de
www.schluetersche.de

Aus Gründen der besseren Lesbarkeit wurde in diesem Buch teilweise die männliche oder die weibliche Form gewählt, nichtsdestoweniger beziehen sich Personenbezeichnungen gleichermaßen auf Angehörige des männlichen und weiblichen Geschlechts sowie auf Menschen, die sich keinem Geschlecht zugehörig fühlen.

Autorin und Verlag haben dieses Buch sorgfältig erstellt und geprüft. Für eventuelle Fehler kann dennoch keine Gewähr übernommen werden. Weder Autorin noch Verlag können für eventuelle Nachteile oder Schäden, die aus in diesem Buch vorgestellten Erfahrungen, Meinungen, Therapien, Methoden und praktischen Hinweisen resultieren, eine Haftung übernehmen. Insgesamt bieten alle vorgestellten Inhalte und Anregungen keinen Ersatz für eine medizinische Beratung, Betreuung und Behandlung.

Etwaige geschützte Warennamen (Warenzeichen) werden nicht besonders kenntlich gemacht. Daraus kann nicht geschlossen werden, dass es sich um freie Warennamen handelt.

Lektorat: Katharina Spangler, Neumarkt i.d.Opf.
Covergestaltung: ZERO, München
Covermotiv: Shutterstock/Esin Deniz, Zaie, VolodymyrSanych, Gromak Svetlana
Illustrationen: stock.adobe.com: hchjjl, Anna Martynova
Satz: PER MEDIEN & MARKETING GmbH, Braunschweig
Druck und Bindung: gutenberg beuys feindruckerei GmbH, Langenhagen